人事訴訟の審理の実情〔第2版〕

小河原寧　編著

判例タイムズ社

はしがき〔第2版〕

本書は，2018年3月30日に公刊された『人事訴訟の審理の実情』の第2版である。

前書が発刊されるまでの経緯は，青木晋先生（元家事第6部部総括判事，元家事部所長代行者，現公証人）が著された前書の「はしがき」のとおりであるので，是非ご参照されたい。

この度，秋武憲一先生（元家事第6部部総括判事，元家事部所長代行者，現山梨学院大学客員教授）及び青木先生のご快諾を得て，小職が歴史のある本書の改訂に関与することができたことは望外の喜びであり，同時に責任の重さを感じる次第である。

本書は，令和5年3月時点における家事第6部の実務運用状況等を紹介するものである。

前書からの主な改訂点は，**資料15**の「養育費・婚姻費用算定表」をいわゆる改定標準算定方式（司法研究報告書第70輯第2号「養育費，婚姻費用の算定に関する実証的研究」）に変更したこと，令和4年5月25日に民事訴訟法等の一部を改正する法律（令和4年法律第48号）により民事関係手続において犯罪被害者等の氏名等の情報を秘匿する制度が設けられたことに伴う変更，第1章の最後に「第17　今後のあるべき離婚訴訟手続」を加えた点などであるが，これらに留まらず，随所で，前書発刊後に変更された実務運用等について紹介している。

家事第6部を構成する裁判官，書記官，家庭裁判所調査官及び事務官は，一丸となって，日々の繁忙業務の中で，実務の運用上の課題に取り組んでおり，現在もなお進化を遂げている。本書の記載は令和5年3月時点における定点観測の結果に過ぎず，本書が公刊された瞬間から，次の改訂作業は始まっているのである。

本書の公刊に当たり，家事第6部の構成員の方々には様々なご協力をお願いした。ここで深く感謝を申し上げる。

〔執筆担当者〕
裁判官……小河原寧，伊藤美結己，川嶋知正，沖本尚紀，遊間洋行，松本啓裕，髙橋優太，原健太，佐野東吾（順不同）

（令和5年3月時点における家事第6部の書記官及び家庭裁判所調査官。ただし，お名前を掲げることに同意された方のみ）
書記官 ……山口明，三浦深雪，中畑悠花，松田真裕子，舘野貴彦，畠山彩，久保井博史，金子菜生子，西尾英朗，大塚ゆりえ，前川千晴，山下尚美，神庭仁志（順不同）
家庭裁判所調査官……板橋毅，吉武竜一，中尾麻由子，山口真一（順不同）

判例タイムズ社編集部の遠藤智良氏には，様々な面でご尽力を賜った。この場を借りて感謝申し上げる次第である。

令和5年3月
（編集代表）東京家庭裁判所家事第6部部総括判事　小河原　寧

は し が き

　本書は，その実質において，平成18年11月30日に公刊された「東京家庭裁判所における人事訴訟の審理の実情」の改訂第4版に相当するものである。

　前書は，人事訴訟事件の家庭裁判所への移管等を内容とする人事訴訟法が制定され，それに伴い裁判所法等が改正され，平成16年4月1日から家庭裁判所において人事訴訟事件を取り扱うこととなり，統計上，全国の人事訴訟事件の約1割を取り扱う東京家庭裁判所の家事第6部（人事訴訟専門部）における実務の運用の実情を紹介し，参考に供する目的で公刊された。そのため，前書においては，人事訴訟事件に携わる実務家，家庭裁判所調査官，書記官等にとって広く参考にするため，なるべく実務の運用の実際を明らかにするように努め，東京三弁護士会との協議結果や養育費・婚姻費用算定表等の資料も掲載し，実務に役立つようにした。

　前書は，その後の実務の運用上の課題に対する検討結果等を踏まえ，平成20年7月に改訂版が公刊され，さらに，平成24年7月に第3版が公刊された。

　幸いにして，前書は，人事訴訟事件に携わる実務家，家庭裁判所調査官，書記官等から，実務に即しており，参考になるという高い評価を受けていた。改訂版が公刊される際には，当時家事第6部に在籍されていた故岡健太郎判事（元最高裁家庭局長）が改訂作業の中心を担っておられたのであり，そのご功績にも改めて感謝申し上げたい。

　しかしながら，第3版の公刊から既に5年を経過し，その後の実務の運用状況等を踏まえ，第4版の公刊を期待する声を各所から受けることとなった。

　そこで，今回，前書の初版から第3版までの編集代表者であった秋武憲一先生（元家事第6部部総括判事，元家事部所長代行者）のご快諾の下に，前書の第4版に相当する本書を公刊するとともに，書名を「人事訴訟の審理の実情」と変更することとした。

　私は，平成16年の家事第6部創設当時，秋武部総括の陪席として，そのご指導の下に人事訴訟事件を1年間担当した後，約10年ぶりの平成28年7月から約1年間，家事第6部の部総括を務めた。それぞれの期間は短いが，部創設当時の家事第6部構成員の苦労を知り，かつ，運用状況等の変化を経験した者として，次の実務担当者等に安定的な運用が円滑にバトンリレーされていくことを切に願っており，本書はその重要なツールとなるであろうと考えている。

　人事訴訟事件の家庭裁判所への移管後，15年目に入ろうとする今日，移管の趣旨に立ち返り，家庭裁判所全体としての紛争解決機能の強化が課題となる中，人事訴訟事件は，東京家庭裁判所においては増加傾向が続いており，しかも事案が複雑で解決が困難な事件が増加していることがうかがえる。

　家事第6部を構成する裁判官，書記官，家庭裁判所調査官及び事務官は，人事訴訟事件の適正かつ迅速な処理のため，一丸となって，日々の繁忙業務の中で，実務の運用上の課題に取り組んできたものであるが，その過程で部創設当時の運用を見直した部分も少なくない。

　本書は，附帯処分等の争点整理のうち財産分与の部分や，人事訴訟を本案とする保全処分のうち財産分与請求権を被保全権利とする場合について，大幅に加筆したほか，婚姻関係財産一覧表の記載例，子の監護に関する陳述書記載項目，和解条項案等の資料を充実させるなど，現在の運用状況等を踏まえて，前書の全般的な見直しを行ったものである。もとより，これで完成という

ことではなく，今後とも，より良い運用のための工夫を継続し，本書もさらなる改訂を重ねていくことを予定している。前書と同様に，本書が，人事訴訟事件に携わる実務家，とくに人事訴訟事件を初めて担当する裁判官や弁護士，家庭裁判所調査官，書記官等に幅広く活用されることを期待したい。

　本書公刊に当たり，東京家庭裁判所大門匡所長には，貴重なご助言を数多くいただいた。また，家事第6部の構成員の方々には，様々なご協力をお願いした。ここで深く感謝を申し上げる。

〔執筆担当者〕
裁判官……青木晋，千葉和則，押野純，澤田順子，村松多香子，綿引朋子，堂英洋，高橋静子
書記官……冨士原耕一郎，柏木葉子，横尾史子，氏本有紀，小林裕和，前田明美，渡邊俊行，小倉知美，大杉五志，小舩和紀，坂元伸太郎
家庭裁判所調査官……土屋顕，藤田奈緒子，酒谷悦子，増田愛，荻野健一

平成30年3月
（編集代表）東京家庭裁判所家事部所長代行者判事　青木　晋

目　次

第2章　人事訴訟事件における書記官事務

第3章　人事訴訟事件における家庭裁判所調査官による事実の調査の実情について

巻末資料

第1章

東京家庭裁判所における
人事訴訟事件の運用について

　本章は，東京家庭裁判所における人事訴訟事件の運用の実情の全般について紹介するものである。東京家裁においては，後記のとおり，人事訴訟事件については，家事第6部が専門部として処理している。したがって，本章において紹介する内容は，家事第6部における令和5年3月段階における運用の実情である。

第1　はじめに

1　人事訴訟事件の家庭裁判所への移管の意義

　司法制度改革審議会は，平成13年6月12日，21世紀の日本を支える司法制度に関する種々の提言を取りまとめ，意見書として公表した中で，人事訴訟事件の家庭裁判所への移管を取り上げ，「人事訴訟事件については，訴えの提起に先立ち，原則として，まず，家庭裁判所に家事調停の申立てをし，調停によって紛争の解決を図るべきものとされている。家事調停が不成立に終わり，改めて訴訟によって解決しようとするときは，地方裁判所に訴えを提起すべきものとされている。このため，一つの家庭関係事件の解決が，家庭裁判所の調停手続と地方裁判所の人事訴訟手続とに分断され，手続間の連携も図られていない。また，家庭関係事件のうち，人事訴訟事件以外の，離婚の際の財産分与，子の監護者の指定・養育費の負担，婚姻費用の分担に関する争いなどは，家事審判手続により家庭裁判所が審理・裁判するものとされている。しかし，それらのうちの一部のものは，離婚訴訟に付随している限り，地方裁判所において審理・裁判することができるとされるなど，家庭裁判所と地方裁判所の管轄の配分は，著しく煩雑で，利用者たる国民に分かりにくい。さらに，家庭裁判所には，家庭裁判所調査官が配置され，その専門的知見を活かした調査の結果が家庭裁判所での調停・審判を適切なものとするのに大きく貢献しているが，地方裁判所には，その種の機関がなく人事訴訟の審理・裁判に利用することができない。このような状況を踏まえ，人事訴訟事件を，親子関係存在確認訴訟など，解釈上人事訴訟に属するとされているものも含めて，家庭裁判所の管轄に移管すべきである。また，離婚の原因である事実など人事訴訟の訴えの原因である事実によって生じた損害賠償の請求についても，人事訴訟と併合される限り，家庭裁判所の管轄とすべきである。」としている。これを受けて，法制審議会民事訴訟部会・人事訴訟分科会において，具体的な人事訴訟手続の改正作業が行われ，民事訴訟法の特則としての新しい「人事訴訟法」が制定され，平成16年4月1日から施行された。

2　東京家庭裁判所家事第6部（人事訴訟専門部）の創設

　東京家裁では，人事訴訟事件の移管に対応するために，新しく家事第6部という専門部を創設し，専属の裁判官，書記官，家庭裁判所調査官等を配置することとした（なお，設立当初は，人事訴訟事件の受付事務も家事第6部で行うこととしたが，平成23年4月1日以降は反訴・関連損害賠償請求事件を除き，一般事件と同様に家事訟廷で行っている。）。その結果，現時点（令和5年3月現在）の東京家裁の構成は，家事第1部（後見等関係事件，財産管理事件のほか，子の返還に関する事件〔第3部の裁判官が兼任〕），家事第2部ないし第4部（第1部・第5部所管のものを除く家事調停・審判事件），家事第5部（遺産分割，寄与分事件），家事第6部（人事訴訟事件）となっている。

　また，東京家裁は，人事訴訟法の施行前，約1年間をかけて，人事訴訟の運用を検討し，東京弁護士会・第一東京弁護士会・第二東京弁護士会及び東京地方検察庁（公判部）との協議を経て，その運用方針を確認するとともに，弁護士会や検察庁の意見をも踏まえた具体的な書式等を作成した。その中で，その後の事務見直しなどを経て，現在使用しているものを中心に巻末資料に掲げることとし，適宜「資料1」などとして引用する。

　本章においては，平成16年4月1日から令和5年3月まで19年以上の実績を踏まえ，東京家裁に

における現在の人事訴訟事件の実務や問題点について紹介するほか，裁判所から見た当事者サイドの留意点についても言及することとする。

3　人事訴訟事件の種類

(1)　婚姻関係事件（人事訴訟法2条1号）

婚姻の無効及び取消しの訴え，離婚の訴え，協議上の離婚の無効及び取消しの訴え，婚姻関係の存否の確認の訴え

(2)　実親子関係事件（同条2号）

嫡出否認の訴え，認知の訴え，認知の無効及び取消しの訴え，父を定めることを目的とする訴え，実親子関係の存否の確認の訴え

(3)　養子縁組関係事件（同条3号）

養子縁組の無効及び取消しの訴え，離縁の訴え，協議上の離縁の無効及び取消しの訴え，養親子関係の存否の確認の訴え

(4)　その他の身分関係の形成又は存否の確認を目的とする訴え（同条柱書き）

協議離婚に伴う親権者指定の無効確認の訴え，妻が夫の死亡後にした姻族関係を終了させる意思表示の効力を争う場合における姻族関係の存否の確認の訴えなど

なお，第2から第14までの記載は，特に断りがない限り，人事訴訟事件の8割以上を占める離婚訴訟を念頭に置いている。

第2　調停手続との関係

1　調停前置主義の意義

(1)　調停前置主義

人事訴訟事件については，従来どおり調停前置主義が採られている（家事事件手続法257条1項）。これは，人事訴訟事件については，訴訟に先立つ調停を充実させて，できるだけ話合いでの解決を図ることが，家庭に関する紛争の特質に照らして望ましいと考えられたからである。

しかしながら，調停が不成立となれば，人事訴訟事件が提起されることになるから，調停手続と人事訴訟手続との関係が立法段階で議論となった。両者に連続性を持たせるようにすれば，当事者の便宜が図られるが，その反面，家事調停制度の利点（家庭の紛争に伴いがちな当事者の微妙な感情的対立や公開をはばかる私生活上の言動等の諸事情を考慮しながら紛争を解決できることなど）が損なわれるおそれがある。結局，家事調停手続と人事訴訟手続とは，手続的には断絶したものとされ，個々の事件についての記録や心証の引継ぎは予定されていない。もっとも，調停と訴訟の両者の果たすべき機能・性質の違いを踏まえつつ，いずれも家庭裁判所が管轄することのメリットを活かし，制度上可能かつ相当な範囲での連携を図ることは考えられる。

例えば，当該家庭裁判所における一般的な審理方針が明確になっていれば，調停運営においても人事訴訟で予測される審理・判断を意識した上で，調停による早期かつ柔軟な解決を図ることも人訴移管前より容易になったといえる。東京家裁のように，調停部と人事訴訟部との担当者が

異なる裁判所においては，調停を担当する裁判官及び調停委員と人事訴訟を担当する裁判官との間で，一般的な審理方針等について，十分な意見交換や意思疎通を図り，共通認識を有しておくことも有益であろう。

(2)　調停前置主義に反する訴えの提起

調停が前置されていることは訴訟要件ではない。したがって，調停手続を前置せずに訴訟を提起しても，不適法な訴えとなるわけではなく，当該事件が調停に付されることになる（家事事件手続法257条1項，2項）（注1）。実際には，東京家裁では，訴状を受け付ける際に，調停を前置したことの証明を求めているので，調停を前置せずに訴えが提起されることはまれであるが，相当以前に調停がされたものの，訴えの提起の直前には調停が前置されていない場合もある。このような場合には，相当の期間が経過することによって，事情が変わっていることも多いので，訴訟提起の直前に調停を前置することが求められているものといえる。

2　調停手続と訴訟手続との関係

(1)　調停手続と訴訟手続との分断と連携

人事訴訟事件は，別表第二事件とは異なり，調停が不成立になっても，当然に訴訟に移行するものではなく，改めて訴えの提起が必要である。その意味で，調停手続と訴訟手続は法律上別の手続としていわば分断されており，調停事件において提出された書証等は当然に訴訟の書証等になるものではない（それゆえ，訴訟において書証等として原本の取調べを求める予定のものについては，調停段階においては，原本自体を提出しないようにすべきであろう。なお，調停段階では，代理人が就かないことも多いので，当事者には書証等の取扱いなどを含めて十分な説明をする必要があろう。）。また，人事訴訟事件を担当する裁判官としても，調停委員会を構成する裁判官がその立場で形成した心証を人事訴訟事件の審理及び裁判に当たって引き継いではならないと理解されている。調停は，当事者の合意をあっせんすることを目的としているが，訴訟は，あくまで，当事者が提出した証拠等に基づき，その主張の当否を判断することによって，権利義務の存否を明らかにし，権利義務の内容を形成する手続である。このように両手続は，基本的にその性質を異にするから，手続の分断はいわば当然のことである。

しかし，他方で，調停と訴訟が扱う紛争は，実質的には一つの紛争であり，調停と訴訟とがいわば有機的な関連を有する連続した紛争解決手続とも見られるから，調停事件が人事訴訟事件に前置していることのメリットを可能な限りで確保するような手続運営を検討することが有用であると考えられる。東京家裁においては，人事訴訟事件の専門部である家事第6部の裁判官と調停事件を担当している家事第2部ないし第4部の裁判官とが人事訴訟事件の取扱いについても意見交換等をしているほか，家事第6部の裁判官が調停委員に対して人事訴訟事件の取扱いなどについて，適宜説明をするなどして，人事訴訟事件の担当者と調停事件の担当者との間において共通認識を持つようにしている。

具体的事件においても，後記(2)ないし(5)のとおり，①第1回期日前に代理人から訴状，訴訟進

注1　調停を前置していないとして，訴えの却下を求めるとの本案前の答弁をする代理人もいるが，これなどは調停前置主義を正しく理解していない典型であろう。

行照会書等により調停の経過等を聴取し，進行を予測する，②第1回期日で調停の経緯等を踏まえて早期に争点を確認するなどして，調停前置主義のメリットを活かすようにしているほか，③調停段階で作成された調書，調査報告書等を書証化するなどの方法も考えられる。この点，離婚訴訟では，財産分与における婚姻関係財産一覧表の作成のために審理が長期化することが多いことから，財産分与が争点となる離婚の事案においては，紛争が複雑・先鋭化する前に，当事者に任意の財産開示を促すとともに，当事者が任意の開示に応じないのであれば調査嘱託を行うなどして客観的な資料を収集・共有し，婚姻関係財産一覧表を作成することが，調停の充実にも，調停が不成立となった後の離婚訴訟の充実・迅速化にも資する場合も少なくないと考えられる。また，調停段階において子の監護状況等について家庭裁判所調査官による調査がされた場合には，離婚訴訟において，その調査結果が親権者の適格性に関する見通しをつけることに寄与したり，離婚訴訟における調査事項が限定されたりする場合もあり，調停手続において，訴訟手続の審理及び結論を見越した審理が行われることで，事実上，訴訟手続での審理の促進につながることもあり得るであろう。

(2)　調停前置と当事者代理人

　調停段階で代理人として選任された弁護士が訴訟についても代理人として選任されることが多いようである。この場合には，調停において，どこが問題点となり，どのような点について合意に達しなかったのかを体験的に把握しているはずであるから，通常の民事訴訟と比べても，より迅速に訴訟の準備ができるはずである。この点，調停における対応と訴訟における対応とが全く一致するものではないとしても，調停段階で選任されたのと同じ弁護士が被告代理人に選任されているにもかかわらず，第1回口頭弁論期日において請求棄却の概括的答弁のみが記載された答弁書しか持参せず，的確な答弁をしない事例が少なからず見受けられることは問題でないかと思われ，代理人の準備活動の充実が求められているというべきである。

(3)　裁判所における運営上の工夫

　調停が不成立になる場合には，当事者の一方が出頭しないときや出頭しても話合いに応じない頑なな態度に終始するときなどもあり，必ずしも一律に訴訟との連携ができるものではない。しかし，話合いが可能な事件については，調停が不成立になる場合であっても，どの点で合意ができなかったのかについて当事者双方と確認することなどによって，当事者が争点について共通の認識をもって訴訟に対応できるような調停運営を図ることができるはずである。そのための方法として，調停の過程において争点の確認を行い，調停が不成立になりそうな場合は，双方の当事者に対して当該事件の争点と，そのうち合意できた点と合意できなかった点について確認するという取扱いも検討の余地があろう。こうした確認作業をすることにより，改めて争点に対する共通認識が得られ，直ちに不成立にすることなく調停が続行されることもあり，たとえ不成立とされても，争点についての共通認識が得られ，訴訟における争点が明確化すると考えられるからである。

　受訴裁判所の裁判長は，直接又は裁判所書記官に命じて，当事者から，口頭弁論期日前に，訴訟の進行に関する意見その他訴訟の進行の参考とすべき事項を聴取することができる（民事訴訟規則61条1項，2項）とされており，その方法として「訴訟進行に関する照会書」を交付し，調停や従前の交渉等の経過等について回答を求めることができる。その回答次第では，第1回口頭弁

論期日前に当事者の意見を聴いた上で弁論準備手続に付する運用も可能になる（民事訴訟規則60条1項ただし書参照）。

　東京家裁においては，原告に対し，訴訟進行に関する照会書（**資料7**）を交付し，その回答を得ることにより，進行についての情報等を得て第1回口頭弁論期日の調整等手続の円滑な進行を図るようにしている。

(4)　調停事件記録の取扱い

　調停前置主義が採られている人事訴訟事件においては，受訴裁判所と同一の国法上の裁判所に調停記録が保管されていることが多いものと思われる。

　通常の民事訴訟手続においては，受訴裁判所がそれと同一の国法上の裁判所が保管する他の事件の記録を証拠とする場合には，書証提出の準備行為として「記録の取寄せ」を行うことになる（別の国法上の裁判所が保管する他の事件の記録を証拠とする場合には，「送付嘱託」の手続を要する。）。これは，訴訟事項及び附帯処分等を含めた人事訴訟事件の審理・裁判において，受訴裁判所と同一の国法上の裁判所が保管する調停事件記録を用いる場合にも同様であり，「調停事件記録の取寄せ」を行う必要がある。

　他方で，以上のような方法により調停事件記録を人事訴訟手続における附帯処分等の裁判で利用することについては，調停裁判所の側から見ると，家事事件手続法254条に基づく記録の開示の問題となる。同条によれば開示不相当とされる部分が，記録の取寄せによれば開示されるとすれば，調停で自由な発言等をした当事者にとって不意打ちとなり，ひいては当事者の合意による自主的解決を図るという調停の特質を害するおそれがある。なお，調停委員が作成している進行メモ等は，調停事件記録とはいえないから，そもそも開示の対象とはならないことはいうまでもない。

　以上のことから，現在，東京家裁では，当事者が調停段階の資料を証拠として提出したいという場合には，調停事件の記録の取寄せをすることなく，当事者に対し，調停裁判所に家事事件手続法254条に基づく記録の謄写を請求するよう促し，当事者から同請求を通じて入手した書証を提出させる扱いとしている。

(5)　調停における家庭裁判所調査官による調査の在り方

　調停における家庭裁判所調査官の関与の仕方には，調停期日への立会い，環境調整など様々な態様がある（家事事件手続法59条，258条，261条）。事実の調査が行われる場合においても，当事者の自主的解決能力を引き出すという意味で，調整的な要素も含むものであるから，その調査結果も，一般的には，調停事件をどのように解決するかということに力点が置かれており，必ずしも対立した主張に対して公権的な判断を下すことなどが要請される訴訟の資料として利用されることを予定したものではない。

　もっとも，調停の段階においても，家庭裁判所調査官の調査によって，子の監護状況等の客観的状況を把握して，それに基づき合意形成を図ることもある。その場合には，調査結果は当事者への開示が予定されているから，調停が不成立になって訴訟が提起されたときには，調査報告書が書証として当事者から提出されることがある。

3 調停手続による解決の充実

(1) 紛争の内容によっては，訴訟による解決に馴染まないものがある。例えば，当事者に精神的な問題があり，法廷で供述をすることが困難な場合がある。このような場合，調停では，医師等である医務室技官の関与を求め，また，家庭裁判所調査官に環境調整のための措置をとらせることも可能であるが（家事事件手続法261条2項，5項），訴訟手続では，これらに相当する条文がなく，そのような進行はできない。したがって，調停段階での調整作業に期待せざるを得ないから，粘り強い調停運営が求められるであろう。また，住宅ローンが付いている不動産の処分が問題となる事案も少なくないが，その際，ローンの借換えや第三者への売却等を検討する必要がある場合も少なくなく，そのためには各手続の検討や手続に時間を要することがある。さらに，子との面会交流が問題となる事案では，家庭裁判所調査官が子の意向等を調査し，調整的な関与をすることが求められるが，家庭裁判所調査官の調整的関与が限定された訴訟手続での解決は容易ではない。

したがって，このような事案においては，調停が不成立になって訴訟が提起されても，結局，再度，調停に付されたりする例もある。実際にも，訴え提起後に調整作業がされた結果，調停又は和解が成立することも少なくなく，このようなことを考慮すれば，単に上記の点について意思が合致しないということで直ちに不成立とすることなく，問題の所在を明らかにした上で，その解決方法を検討し，当事者と問題意識を共通にして調停運営に当たることが望まれるところである。

(2) さらに，財産分与が問題となる事案についても，訴訟における処理方針は概ね定まっており（秋武憲一＝岡健太郎編著『リーガル・プログレッシブ・シリーズ(7)離婚訴訟・離婚調停〔三訂版〕』第3章V〔青林書院，2019〕，蓮井俊治「財産分与に関する覚書」ケース研究329号108頁参照），必要な資料が提出されれば，判決で予想される合理的な幅を想定し，調停における解決も可能な事案が相当数あると考えられる。慰謝料が認められるかどうか，金額はいくらが相当かについては，話合いによることは困難なことが多いであろうが，現れている事情の下で考えられる判決を想定しつつ，財産分与の調整と合わせて「解決金」として調整すれば，合意が得られる可能性は高まるといえる。

(3) 以上のとおり，離婚事件では，訴訟より調停による解決がふさわしい事案がある上，その他の事案でも，一度は調停委員会による調停案を示すことが，家庭裁判所における調停には求められていると考えられる。このような家事調停の紛争解決機能をより充実させていくために司法的な視点からの運用上の工夫の必要があるし，弁護士等関係者においても，より調停による解決を充実させるため，ご理解とご協力をいただきたい。

第3 保全処分事件の運用

1 民事保全処分と審判前の保全処分

人事訴訟を本案とする保全命令は，民事保全法12条1項の規定にかかわらず，本案の管轄裁判所又は仮に差し押さえるべき物若しくは係争物の所在地を管轄する家庭裁判所が専属的に管轄を有する（人事訴訟法30条1項）。人事訴訟に係る請求と当該請求の原因である事実によって生じた損害の賠償に関する請求とを一の訴えですることができる場合には，当該損害の賠償に関する請

求に係る保全命令の申立ては，仮に差し押さえるべき物又は係争物の所在地を管轄する家庭裁判所にもすることができる（同条2項）ものとされ，地方裁判所との競合管轄となっている。

　このうち「人事訴訟を本案とする保全命令」としては，人事訴訟法32条によって，離婚請求等に附帯して財産分与等の申立てがあった場合において，離婚等と同時に具体的に形成される権利の内容を被保全権利とする民事保全処分が想定されており，これを本案とする調停又は訴訟の係属前でも申立てが可能とされている（これに対し，審判前の保全処分については，民事保全における被保全権利の存在の蓋然性の疎明に代えて，本案審判において一定の具体的な権利義務が形成される蓋然性の疎明とその前提としての本案係属が必要と考えられており〔本案係属要件〕，本案の審判又は調停の申立て前に申し立てることはできないとされている〔家事事件手続法105条1項〕。）。人事訴訟を本案とする保全命令については，本案係属要件はないものの，本案訴訟において被保全権利が形成される蓋然性の疎明を要することは当然である。それにもかかわらず，この点について疎明以前に最低限必要な具体的主張すらない申立てが少なくない。事前の十分な準備が強く望まれる。

　なお，離婚成立後に財産分与や養育費を請求する場合には，人事訴訟を本案とする保全命令はできず，家事事件手続法別表第二事件を本案とする審判前の保全処分の問題となる。

　人事訴訟を本案とする保全命令事件の国際裁判管轄については，人事訴訟法等の一部を改正する法律（平成30年法律第20号）の成立により，改正前には適用しないものとされていた民事保全法11条が適用されることとなった。これにより，本案の訴えにつき日本の裁判所が国際裁判管轄を有する場合に加え，日本に国際裁判管轄がない場合であっても，仮差押えの目的物や仮処分の係争物が日本国内に存在する場合にも，日本の裁判所に民事保全についての国際裁判管轄が認められることとなった。

2　財産をめぐる保全処分事件の運用

　財産をめぐる保全処分として典型的に考えられるのは，以下のものである（注2）。
① 　離婚に伴う財産分与請求権を被保全権利とする仮差押え又は不動産の処分禁止の仮処分
② 　離婚に伴う慰謝料請求権を被保全権利とする仮差押え

　いずれの場合も，前提として，離婚事由の存在についての疎明が必要である。

　財産分与請求権を被保全権利とする仮差押えの場合，「当事者双方がその協力によって得た財産の額その他一切の事情を考慮」（民法768条3項）した上で，財産分与として請求債権額の支払を命じる本案判決がなされる蓋然性の疎明が必要である。清算的財産分与については，分与対象財産確定の基準日（通常は別居日）に存在した相手方名義の共有財産の存否及び額の疎明にとどまらず，自己名義の共有財産の存否及び額も疎明する必要があり，基本的には，両者の合計額の2分の1から自己名義の共有財産の合計額を控除した差額が清算的財産分与としての請求債権額の上限となるから，これを意識した主張及び疎明が求められる（特に，基準日をどの時点と主張するの

注2 　子の養育費の仮払を求める仮処分は，離婚前に現時点での子の生活費を取得したいというのが申立ての目的であるから，婚姻関係の存在を前提とする婚姻費用の分担の審判あるいはその審判前の保全処分によるべきであると考えている。理論的には，家事審判という他の手段によって同様の効果が得られることから，類型的に保全の必要性がないものと考えられる。

か不明確であったり，債権者名義の共有財産の存否及び額の疎明が全くなされていないことにより，補正に時間を要する例が散見される。）。なお，不動産仮差押申立事件における民事保全規則20条1号ハの「不動産の価額を証する書面」は，一般の民事保全においては固定資産評価証明書が用いられることが多い（江原健志＝品川英基編著『民事保全の実務（上）〔第4版〕』248頁，同『民事保全の実務（下）〔第4版〕』4頁〔金融財政事情研究会，2021〕参照）。これに対し，財産分与請求権を被保全権利とする不動産仮差押えにおいては，本案で共有財産である不動産を実勢価格で価額評価することから，保全手続でも共有財産の額の疎明として不動産仲介業者等が作成した査定書等が提出されることが多い。同査定書を基にした不動産の価額評価に基づいて被保全権利の価額が算出された場合には，保全命令の担保額及び仮差押解放金の額を算出するに当たっても同査定書を基に不動産の価額を評価することとなる。

　これに対し，特定の不動産についての財産分与請求権に基づく登記請求権を被保全権利とする処分禁止の仮処分については，本案において特定の不動産の現物分与が認められる蓋然性の疎明が必要であるが，この疎明は容易ではない。具体的には，当該不動産が実質的共有財産（分与対象財産）であることを前提に，①当事者が当該現物を必要とする程度（当該現物の居住者や居住状況），②当事者双方の資力（当該現物以外の財産の有無，当該現物の代償金支払の可否等），③当該財産の取得・維持についての当事者双方の貢献度，④当該財産についての利害関係（例えば，建物の敷地が一方当事者の特有財産であるか），⑤抵当権の存否（一般に，第三者を債権者とする抵当権付不動産について相手方への現物分与を命じる判決は困難とされている。）等を考慮した上で，債務者名義の当該財産を債権者に現物分与する本案判決がなされる蓋然性を疎明する必要がある（江原健志＝品川英基編著『民事保全の実務（上）〔第4版〕』283頁〔金融財政事情研究会，2021〕参照）。しかしながら，このような蓋然性の疎明がされておらず，仮処分申立てを取り下げた上で仮差押えとして申し立て直す例が多い（なお，相手方単独名義の特定の不動産の2分の1について処分禁止の仮処分を申し立てる例も散見されるが，本案訴訟で一方当事者に他方当事者名義の不動産の2分の1の現物分与を命じるような判決は考え難く〔離婚後に共有状態を作出することになり，紛争の抜本的解決とならない。〕，このような処分禁止の仮処分を認めることもまずない。）。また，処分禁止の仮処分なのに，財産分与の対象とならない当事者の特有財産（固有財産）に関する権利を主張するものもかつては散見された。財産分与は，婚姻中に形成された夫婦の実質的共有財産を対象とするものであるから，財産分与の対象財産と差し押さえるべき財産とは区別されなければならない。

　さらに，慰謝料請求権についても，そもそも家庭裁判所に管轄のない，離婚原因とは無関係な損害賠償請求権（いわゆる関連損害賠償請求ではないもの。なお，関連損害賠償請求か否かの判断が困難な場合があるので，この点の検討は十分すべきである。）を被保全権利とするものもしばしば見られるから注意すべきである。

3　子の監護をめぐる保全処分事件の運用

　子の引渡しの仮処分，子の監護者の指定の仮処分，子の親権者指定の仮処分等，子の監護をめぐる保全処分においては，子の福祉に合致した解決が求められ，家庭裁判所調査官による調査を実施して現在の子の監護状況，生活状況や子の意向・心情等を把握することが有益である場合が多い。別居後離婚前の状態における子の監護に関する処分の審判又は審判前の保全処分（家事事

件手続法157条1項3号，105条）では，家事審判に係る手続として，必要があれば家庭裁判所調査官による事実の調査も踏まえて妥当な解決を図ることが可能である（同法106条3項）。

　これに対し，人事訴訟を本案とする民事保全処分では，民事保全における疎明は即時性が求められること（民事保全法7条，民事訴訟法188条），事実の調査によって本来債権者が行うべき疎明を補うことは相当ではないことから，家庭裁判所調査官による調査を命ずることはできないと解される。実際，東京家裁では現在このような調査は命じておらず，人事訴訟を本案として子の監護をめぐる保全処分が申し立てられた場合，家事審判という他の手段によって同様の効果が得られることから保全の必要性が類型的にないものとして，申立てを取り下げた上で新たに審判前の保全処分としての申立てをするよう促している。

第4　訴状の受理と補正

1　訴状の記載等

　訴状には，請求を理由付ける事実を具体的に記載し，立証を要する事項ごとに，当該事実に関連する事実で重要なもの及び証拠を記載しなければならないものとされている（民事訴訟規則53条1項）。さらに，人事訴訟事件については，訴状に当該訴えに係る身分関係の当事者の戸籍謄本（又は戸籍の全部事項証明書。以下同じ）（離婚事件等においては，当事者の戸籍謄本で足りるが，人事訴訟法15条の規定による利害関係人が生じる事案においては，利害関係人の氏名等を明らかにするための戸籍謄本等も必要である。）を添付することとされている（人事訴訟規則13条）。現在，東京家裁では，調停を前置したことの証明として，訴状の提出の際に，事件終了証明書又は不成立証明書の提出を求めている（注3，4）。

注3　調停調書（不成立）の謄本の提出

　かつて，東京家裁では，調停を前置したことの証明として，訴状の提出の際に，調停調書（不成立）の謄本の提出を求めていた。その趣旨は，①第1回口頭弁論期日を充実したものとするとの観点からは，訴状受付時点で調停段階における代理人の有無が判明すれば訴訟における受任予定や訴訟進行に関する意見の早期照会も可能となるし，調停段階での当事者の出頭状況や住所等も判明するので，調停調書（不成立）の謄本の提出が望ましいこと，②調停が不成立となった際に調停における争点とこれについての両当事者の主張の相違点等を調書（不成立）に記載する試みがされていれば，その調書の提出とあいまって，第1回口頭弁論期日をより充実したものとすることができるはずであるという点にあるとされた（旧版10頁注3）。しかしながら，①については，原告代理人から訴訟進行に関する照会書（原告用）【資料7】を提出してもらう運用が定着しており，これにより，調停段階における一定の情報を収集することができること，②については，調停における争点とこれについての両当事者の主張の相違点等を調書（不成立）に記載する試みが必ずしも実務で定着しているとはいえないことから，現在，東京家裁では，調停調書（不成立）の謄本の提出を求めていない。

注4　本籍・住所の記載

　人事訴訟では，判決等の結果を戸籍事務管掌者に通知（人事訴訟規則17条，31条，35条）し，あるいは報告的届出（戸籍法77条，63条）によって，戸籍の記載を行うことなどから，当事者の本籍の記載が必要となる。また，住所については，当事者の特定，管轄の認定，送達場所の確定等の観点から，訴状に記載することが必要とされている（民事訴訟規則2条1項1号）。もっとも，令和4年の民事訴訟法の改正により，例えば，住民基本台帳事務における支援措置が実施されていたり，配偶者からの暴力の防止及び被害者の保護等に関する法律（以下「配偶者暴力防止法」という。）に基づく保護命令が

　このほか，原告は，請求原因事実についての証拠となるべき文書の写しで重要なものを提出すべきであるところ（民事訴訟規則55条2項），人事訴訟の場合，自白の規定が適用されないため（人事訴訟法19条），通常の民事訴訟のように争点に関する証拠を提出するだけでは足りず，請求原因事実全てについての立証を要することになるから，これらを早期に提出すべきである。

　離婚の請求等と同時に，離婚等に伴う附帯処分の申立て（人事訴訟法32条。なお，親権者の指定については職権発動を求める申立て）がされることが多いが，これについても書面によることとされ（人事訴訟規則19条1項），その書面には申立ての趣旨及び理由を記載し，証拠となるべき文書の写しで重要なものを添付しなければならない（同条2項）とされている。したがって，財産分与の申立てをする場合には，清算的財産分与を求めるのであれば，分与対象財産確定の基準日について，不動産の分与を求めるのであれば，その必要性等について具体的に記載し，対象となるべき不動産登記事項証明書等の資料を，養育費の支払の申立てをする場合には，当事者の収入状況を具体的に記載し，収入に関する資料等（源泉徴収票等）を，年金分割についての請求すべき按分割合を定める処分を求めるのであれば，年金分割のための情報通知書を申立段階で添付する必要がある（同条3項）。

　この点，離婚原因や附帯処分に関して，具体的な記載がされておらず，訴状や附帯処分の申立ての記載としては不十分なものが少なくないようである。また，資料の添付もないものが少なくなく，その都度，その提出を求めているが，申立段階における添付の励行が求められるところである。

　もっとも，人事訴訟では前記のとおり，自白の規定が適用されないことなどから，公示送達の場合を除いて，第1回期日で弁論を終結する事案はまれである。実務上，審理促進の見地から，訴状に不備がある場合であっても，第1回期日を指定し，期日までに追完を求める運用も見られるが，このような運用がされることがあるからといって，不備のある訴状が許容されるわけではない点に留意が必要である。

　また，人事訴訟事件については，必ずしも要件事実が明確ではないものの，「婚姻を継続し難い重大な事由」が離婚原因とされる場合であっても，これを基礎付ける具体的事実を明確にしてそれを立証の対象とすべきであることには異論がないと思われるところ，主観的な評価や価値的判断のみを記載した訴状が少なくないし，逆に，法律の要件を念頭に置かないまま，当事者が言ったことをただそのままに記載した，冗長な訴状も見受けられるところである。

　そして，人事訴訟事件は，離婚訴訟に限らず，訴訟を進める上で，当事者双方と裁判所との間

発令されているなど，原告の住所を被告に知られることによって原告が社会生活を営むのに著しい支障を生ずるおそれがあると認められる場合には，裁判所は，申立てに基づき，秘匿の決定（民事訴訟法133条）をすることができることとなった。この秘匿決定により，訴状に代替事項（例えば「代替住所A」）を記載すれば住所を記載したとみなされる。秘匿の申立てをする際には，申立書とともに秘匿事項届出書面を提出しなければならない（同法133条2項）。　なお，従前は，原告の住所について被告等への秘匿を希望する場合には，原告の住所を秘匿した上で（あるいは，現在居住していない住所地を便宜的に記載した上で），原告が東京都内に居住していることを示す資料を提出することにより，東京家裁が管轄を有することを確認する運用がなされていた。しかし，上記のとおり，令和4年の改正民事訴訟法施行後は秘匿申立ての制度が利用できるようになったことから，今後は，原告の住所について被告への秘匿を希望する場合には同制度の積極的な活用が望まれるところである。

で事案を理解するための共通の資料として，また，裁判所が相続権を害される利害関係人への通知（人事訴訟法28条）を適切に行うための資料としても，身分関係図が有用であり，特に身分関係が複雑な事案では，訴訟の提起段階で身分関係図を作成・提出することが強く望まれる。実際に，身分関係図を作成して提出するような代理人は，訴状の記載も簡にして要を得ていることが多いように思われる。

　加えて，外国人が当事者となる事件については，国際裁判管轄及び準拠法についても記載すべきであるから，この点にも十分配慮すべきである（後記**第16**参照）。

　参考までに，訴状のひな形（**資料1**）を添付したが，特に留意してもらいたいのは，附帯処分等についても具体的事由を明記していることと，調停の経過及び予想される争点を記載している点である。この調停の経過や予想される争点について記載がない訴状が少なくないのが実情である。なお，身分関係図の具体例を**資料4**として添付したが，適宜，訴訟の目的に応じて，生年月日や死亡年月日を記載するなど，工夫することも求められよう（財産分与については，**第7の5**の記載〔**資料8ないし10**も含む。〕も参照）。

　受理された訴状は，書記官が訴状審査をし，その記載に不備があれば，裁判官の指示に基づいて補正を促し（民事訴訟規則56条），又は裁判長が補正命令を発することになる（民事訴訟法137条1項）。また，必ずしも補正命令の対象ではない事項についても，請求の趣旨等に疑義があれば，訂正の検討を求めることがある。

　この点については，第2章において「人事訴訟事件における書記官事務」として述べるところと重複する部分があるが，訴状の受理段階で，主として問題となる点を説明することとする。

2　管轄と移送

(1)　土地管轄と移送等

　離婚訴訟の土地管轄は，原告又は被告が普通裁判籍を有する地を管轄する家庭裁判所の管轄に専属するとされている（人事訴訟法4条1項）。夫婦の共通住所地を第1順位とすることなどを内容とする従来の段階的な専属管轄は廃止され，土地管轄は極めて簡明になったが，依然として専属管轄であることには変わりなく，合意管轄や応訴管轄が認められているわけではないことに留意する必要がある（**注5**）。

　一方で，家庭裁判所が離婚請求事件の管轄を有しない場合においても，当該事件に前置される調停事件がその家庭裁判所に係属していたときには，調停の経過，当事者の意見その他の事情を

注5　調停事件における合意管轄と人事訴訟との関係

　調停事件は，当事者の合意によってその管轄を定めることができるため（家事事件手続法245条1項），東京家裁においては，当事者の住所地ではないにもかかわらず，管轄内に代理人の事務所があるなどとして，管轄の合意をして調停を申し立てる例が多いように思われる。しかし，そのような調停事件が不成立になった場合には，当然に東京家裁に人事訴訟事件の土地管轄があるわけではない。自庁処理（人事訴訟法6条）は，あくまで人事訴訟における専属管轄の例外的措置と位置付けられており，未成年の子が当事者の一方と同居している場合（同法31条）など多くの場合には，当事者が普通裁判籍を有する地を管轄する家庭裁判所に管轄違いを理由として移送（民事訴訟法16条1項）をすることになる。

考慮して特に必要があると認めるときは、申立てにより又は職権で自庁処理ができるとされている（人事訴訟法6条）。もっとも、「特に必要があると認める」（同条）とあるように、自庁処理は、合意管轄や応訴管轄を許容しない人事訴訟の専属管轄において例外的な措置であるので、単に調停事件が係属していたという事情（調停事件については合意管轄が認められており〔家事事件手続法245条1項〕、自庁処理されることを目的に調停裁判所を合意するということも考えられないわけではない。）だけで、自庁処理が認められるわけではない。この点を誤解していると思われる代理人は少なくないようである。

　なお、配偶者暴力防止法による保護命令関係の事件において、他庁に比して警備体制が充実しているということを理由に東京家裁での審理を求め、自庁処理すべきであるとする申立てがされたとしても、警備問題等については管轄裁判所において考慮すべき事柄であり、こうした事情は、自庁処理の理由とはならない。実際にも、このような理由で自庁処理した例はない。

　自庁処理の申立書の一例（**資料5**）を添付したが、調停が係属したことだけではなく、調停の内容、経過等を具体的に記載していることやその他の必要性についても具体的に記載していることに留意する必要がある。これに対しては、被告に対し、意見を聴く取扱いとしている（人事訴訟規則4条参照）。

　以上で述べた場合とは逆に、離婚請求事件の管轄がある場合においても、当事者及び尋問を受けるべき証人の住所その他の事情を考慮して、訴訟の著しい遅滞を避け、又は当事者間の衡平を図るため必要があると認めるときは、他の管轄裁判所に移送することができ（人事訴訟法7条）、未成年の子がいる場合には、移送に当たっては、その子の住所又は居所を考慮しなければならないとされている（同法31条）。

　このように、管轄は、実際には、最適地がどこかが問題になるのであって、その検討要素としては、婚姻住所、被告の応訴の負担、証拠収集等の事情等が挙げられる。例えば、妻が子供を連れて夫の下から実家に帰り、別居生活が始まったような場合に、夫が自宅所在地を管轄する裁判所に妻に対する離婚請求訴訟を提起することがある。このような場合においては、妻が不貞行為等をして実家に帰ったということも考えられなくもないが、そうではなく、夫の暴力や不貞行為等のほか、婚姻費用の不支給等が原因となることも多く、このような場合に、夫が従前の婚姻住所の管轄裁判所を原告住所地の管轄裁判所であるとするのは、公平を欠くと思われる。このような場合には、婚姻住所、被告の応訴の負担、証拠収集、未成年の子の住所等を考慮して、移送の要否を判断することになる。その他、代理人である弁護士の事務所が東京にあるという理由のみでは十分ではないとして、当事者双方の住所地かつ未成年の子の住所地を管轄する庁に管轄違いによる移送をした例や、婚姻住所かつ相手方住所地において調停が係属中に東京に住所を移した上、直ちに離婚訴訟を提起した場合に、人事訴訟法7条により移送した例などがある（**注6**）。

　なお、管轄と似て非なるものに「回付」がある。これは司法行政上の本庁と支部との事務分配に関係するものであり、訴訟事件の「移送」とは異なるものである。それゆえ、支部に係属している事件を本庁に回付することを求める申立ては許されず（東京高決昭58.3.16判時1076号66頁）、回付の決定に対する抗告も許されない（最決昭44.3.25刑集23巻3号212頁、判タ234号182頁）のである。これを「移送」と間違える場合や、自庁処理の問題であると誤解をしている場合も多いので、正確な理解が望まれるところである。

(2) 損害賠償請求事件

　人事訴訟の請求の原因である事実によって生じた損害賠償請求事件は，①人事訴訟の訴えと一の訴えとして人事訴訟事件について管轄を有する家庭裁判所に提起でき（人事訴訟法17条1項），②人事訴訟事件が既に係属している家庭裁判所にも提起することができるとされている（同条2項）（注7）。③また，第一審裁判所（地方裁判所又は簡易裁判所）に係属している場合には，申立てにより，相当と認められる場合に，人事訴訟事件の係属する家庭裁判所に移送することができるとされている（同法8条1項）。②及び③の場合には，必ず人事訴訟事件と損害賠償請求事件の口頭弁論の併合をしなければならないことに留意する必要がある（同法17条3項，8条2項）。この点，弁論を併合して審理をした後に弁論を分離し，損害賠償請求事件に先行して人事訴訟事件についてのみ判決をすることは認められるが，不貞の相手方に対する損害賠償請求事件が地方裁判所から移送されてきても，もともと家庭裁判所に係属している離婚訴訟では，他の破綻原因，財産分与，未成年の子の親権者等についての争点整理，親権者に関する調査等に時間を要する場合があり，かえって離婚訴訟の当事者から分離を求められることもある。そして，手続が分離されると，損害賠償請求事件の審理は，事実上停止したままになってしまう。したがって，移送に当たっては，人事訴訟事件の争点や審理の程度を十分に考慮すべきである。

　なお，夫婦の一方は，他方と不貞行為に及んだ第三者に対し，当該第三者が，当該夫婦を離婚させることを意図してその婚姻関係に対する不当な干渉をするなどして当該夫婦を離婚のやむなきに至らしめたものと評価すべき特段の事情のない限り，離婚に伴う慰謝料を請求することはできない（最判平31.2.19民集73巻2号187頁，判タ1461号28頁）。

　損害賠償請求事件には，人事訴訟の当事者以外の第三者を当事者とする請求事件も含まれるが（不貞の相手方に対する慰謝料請求事件。資料2の訴状参照），家庭裁判所が例外的に管轄を有するのは，あくまでも「人事訴訟の原因である事実」による損害賠償（いわゆる関連損害賠償請求事件）であって，例えば，婚姻関係が破綻した後，相当期間が経過した段階での損害賠償については管轄

注6　原告住所地にも管轄が認められた経緯

　原告の住所地にも管轄が認められた経緯については，実親子関係訴訟及び養子縁組関係訴訟について当事者の一方のみの住所地等を基準とする合理性がないこと，婚姻関係訴訟について従前の第2順位の管轄原因が一定の場合に不都合があるためであって，一般に広く原告の利便を考慮したものではない（立法担当者による解説である，小野瀬厚＝岡健太郎編著『一問一答　新しい人事訴訟制度』29頁〔商事法務，2004〕参照）。また，法制審議会委員等として立法に関係した学者も，「原告の住所地で提訴できる，被告の住所地と同格だというのは，民事訴訟法理論からすると，やはり何か引っかかるところがあります。」〔高橋宏志発言〕「『事件に密接な関連地』という発想から，夫と妻を同等に考慮するために，たまたま原告になったと理解するのではないでしょうか。」〔高田裕成発言〕という見方をされている（高橋宏志＝高田裕成編『新しい人事訴訟法と家庭裁判所実務』ジュリスト1259号〔増刊〕28頁参照）。このような立法の経緯に照らせば，人事訴訟法が原告に対して管轄選択の広汎な自由を認める趣旨ではないことは明らかだと思われる。

注7　訴状の記載事項

　この場合には，訴状に既に人事訴訟事件が家庭裁判所に係属する旨及びその事件の表示を記載しなければならないとされている（人事訴訟規則12条）。資料2は損害賠償請求事件の訴状のひな型であるが，第3として「離婚等請求事件の表示」を明示している。通常は，これに加えて，併合についての上申書を提出し，離婚等請求事件への併合を求めることになろう。

がないことはもちろん，不当利得返還請求権や貸金返還請求権は，そもそも対象外である。

　なお，原告から離婚を求められた被告が，原告の不貞行為を理由に，原告からの離婚請求は，有責配偶者からの離婚請求であり，信義則上許されないと主張して請求棄却を求めている場合に，原告に対する離婚請求の反訴を提起することなく，原告の不貞行為の相手方に対する損害賠償請求を離婚請求訴訟が係属している家庭裁判所に提起することができるかという問題があったが，近時，最高裁はこれを肯定する判断を示し，この問題に決着が付けられた（最決平31.2.12民集73巻2号107頁，判タ1460号43頁）。

3　離婚請求（訴訟物）

　離婚請求訴訟の訴訟物は，離婚請求権であるが，民法770条1項各号の離婚事由ごとに訴訟物が異なる（最判昭36.4.25民集15巻4号891頁，家月13巻8号79頁）といわれている。したがって，原告が民法770条1項各号の事由を複数主張することは，理論上は選択的併合になるが，原告が同項1号から4号に該当する事由のいずれかだけを主張し，同項5号に該当する事由を主張しない場合には，釈明権を行使して，同項5号事由の主張をしないのかどうかを明確にさせている（注8）。

　なお，実際の訴訟では，民法770条1項5号を訴訟物とするものがほとんどであり，それで何の不都合もない。

4　附帯処分等の申立て
(1)　申立ての時期

　離婚請求等と同時に審理を行うことを求める附帯処分等の申立ては，事実審の口頭弁論終結時まで行うことができるが，離婚等の訴え提起と同時に申立てがされる場合が多い。この申立ては，書面でしなければならず（人事訴訟規則19条1項），申立ての趣旨及び理由を記載する必要がある（同条2項）。

(2)　財産分与に関する処分の申立て

　財産分与に関する処分は，実質的な家事審判事項であるから，その申立てをするには，民事訴訟と異なり，その額や方法を明示する必要はなく，当事者がそれを明示して申し立てた場合であっても，裁判所はそれに拘束されるものではない。しかし，訴訟手続の中で離婚を認容する判決において同時に裁判することを申し立てるのであるから，その額，方法等を申立てにおいてできる限り明示させることとしている（人事訴訟規則19条2項，家事事件手続法49条2項は，「申立ての趣旨及び理由」の記載を要求していることに留意すべきである。特に養育費については，調停段階で双方の収入が開示されている場合もあり，具体的な請求額，終期等を明示することが望ましい。これに対し，財産

注8　不貞行為の立証
　　　離婚原因として，不貞行為（民法770条1項1号）を主張するものが多く見られるが，被告が不貞行為を自認している場合やまさに不貞行為の現場を押さえた証拠が提出されない限り，不貞行為の存在を認定することは難しいものといえる。実務上，しばしば，興信所や探偵社等の調査書を提出したり，パソコンや携帯電話のメール等をプリントアウトしたものなどが書証化されたりすることがあるが，これだけでは，不貞行為の立証としては十分ではないものも少なくない。このような場合には，やはり5号事由を主張するかどうかを釈明し，明確にさせるようにしている。

分与については，「財産分与として相当額の支払を求める。」とのみ記載される例も少なくない。調停段階において基準日を定めた財産開示がされていない場合には，そのような記載がやむを得ない場合もあろう。しかし，特に調停段階において双方の財産開示が相当程度されている場合などは，財産分与について具体的な請求額を示すことも可能と思われる〔**資料1**の訴状参照〕。また，相手方名義の特定の財産の現物分与を求める場合には，申立ての趣旨で具体的に対象，方法を記載すべきである。）。

　財産分与に関する処分の申立ては，財産分与請求権の存在を前提としてその具体的内容の形成を求めるものであるから，分与を求める当事者（権利者）からのみ行うことができる（東京高判平6.10.13家月48巻6号61頁，判タ894号248頁参照）。

　被告は，離婚請求の反訴を提起して財産分与に関する処分の申立てをすることができるし，離婚請求の反訴を提起することなく，離婚請求について請求棄却を求めた上で予備的に財産分与に関する処分の申立てをすることもできる。

　離婚を求める原告が分与義務者である場合，自ら財産分与として一定額の支払を命じることを求めることはできるか否かについては議論があるが（なお，最決令3.10.28民集75巻8号3583頁，判タ1495号84頁参照），家事第6部では，分与義務者である原告が，被告に対して一定額の財産を分与するから離婚に応じるように求めることを認めた例はない。

　財産分与請求権は，離婚判決が確定して初めて権利の具体的内容が形成されるから，これに対する遅延損害金の請求の起算点は，離婚判決確定の日の翌日であることのほか，仮執行宣言を付すことができないことに留意を要する。

　財産分与に関する処分の申立てがある場合，裁判所は，当事者がその申立ての取下げをしない限り，離婚判決とともに財産分与についても同時に判断する必要がある。

　なお，財産分与が争点となる場合には，財産分与の申立てがない場合に比して，整理すべき事項が多岐にわたり，ある程度時間を要する事例が少なくない。財産分与は，離婚が確定した後2年以内であれば，家事審判として申立てが可能であるから（民法768条2項），同時解決の利益を放棄した方がかえって都合のよい場合もある。それゆえ，いったん財産分与の申立てをしながら，離婚と親権者及び養育費の支払を早期に決着させるために，取り下げるという例も散見される。財産分与の申立てを取り下げる場合，相手方の同意は不要である（人事訴訟法上，附帯処分の申立ての取下げ全般について相手方の同意を要する旨の規定はない。また，離婚後の財産分与審判申立ての取下げを制限した家事事件手続法153条の主な趣旨は，離婚後の申立てに期間制限がある点にあるところ，離婚訴訟の場合，通常は離婚後に改めて財産分与の申立てをする時間的余裕が双方にあり，同条を類推適用する理由を欠いている〔金子修編著『逐条解説　家事事件手続法〔第2版〕』586頁（商事法務，2022）〕。）（注9）。

注9　財産分与に関する処分の申立てと同時解決の利益

　東京高判平7.3.13家月48巻8号72頁，判タ891号233頁は，財産分与の対象財産等について抵当権などが設定され，その被担保債務の返済も順調ではなく，担保権の実行を受ける可能性が高い場合には，離婚に伴って直ちに財産分与を決定するのは適当とはいえないなどとして，財産分与の申立てを棄却した。しかし，人事訴訟法では，離婚等を認容する判決において，附帯処分についての裁判をしなければならないとし（同法32条1項），離婚請求の認諾についても，附帯処分の申立てがあるときはできないこととしており（同法37条1項ただし書），附帯処分の同時解決に係る当事者の利益を保障してい

(3)　親権者の指定

　未成年の子の親権者の指定は，申立てがなくても，裁判所が職権で定めなければならない（民法819条2項）。したがって，裁判所の職権発動を促す申立てがあるのが通常であり，それがない場合には，そのような申立てを当事者に促すことにしている（注10，11）。

　なお，親権者について定める場合，親権者が監護者となるのが通常なので，親権者の指定とは別に監護者の指定が申し立てられることはほとんどなく，実務上も親権と監護権を分属させる例はほとんどない。

(4)　面会交流の申立て

　子の監護に関する附帯処分には，非監護親から監護親に対する面会交流の申立ても制度上は認められている。しかし，この申立ては，申立人が親権者として指定されない場合の予備的申立てとならざるを得ない上，面会交流審判と異なり，離婚判決前に面会交流についての裁判を得ることができない。また，離婚訴訟では，家事調停・審判と異なり，家庭裁判所調査官による期日立会いや環境調整等のための措置が認められておらず（人事訴訟法には家事事件手続法59条〔258条により調停手続にも準用〕のような規定はない。），きめ細かい調整をすることが困難である。したがって，実務上は，訴訟上の和解で解決できる場合を除き，面会交流については，離婚訴訟と並行して別途調停を申し立てるよう促し，調停や審判によって解決される場合が多い。そのため，離婚訴訟で面会交流について判断がされることはほとんどないので，代理人としては，この点について，当事者に十分説明をしておくことが望ましい。

　なお，面会交流の附帯処分の申立てがされている場合に，試行的面会交流を行うために調停に付すという方法も考えられるが，現在の東京家裁では，面会交流については別途調停を申し立てるよう促していることもあって，そのような付調停の例はほとんどない。

(5)　子の引渡し

　非監護親が，自らを親権者として指定することを求めるとともに，監護親に対し，子の引渡し

る。したがって，附帯処分の申立てが取り下げられない限り，財産分与についてその権利内容を具体的に形成する裁判を行うべきである。

注10　親権と監護権の分離
　親権者の指定について当事者間に争いがある場合であっても，親権と監護権を各当事者に分属させて，いわば妥協的に解決する例もなくはない。しかし，訴訟にまで至る事案においては，通常は，当事者双方が協力し合って形を変えた共同監護ができるような前提を欠くことがほとんどであり，実際に監護養育する者を親権者として指定すべきであって，安易に親権と監護権を分離するのは，その両者の範囲が必ずしも明確ではなく，後日の紛争を誘発する一因ともなることから，相当ではない。

注11　人事訴訟法32条2項，3項の意義
　人事訴訟法32条は，親権者指定に関する裁判を行う場合に，裁判所は，当事者に対し，金銭の支払その他財産上の給付を命ずることができるとしている（同条2項，3項）。親権者の指定は裁判所が職権で判断する必要があることからすると，当事者の申立てがないにもかかわらず，親権者を指定することに伴い，同項を適用して養育費の支払を命ずることもできるようにも考えられなくはない。しかし，同項が予定している金銭その他の財産上の給付というのは，親権者の指定を実現するのに附随して当然に発生する金銭等の給付（例えば，子を引き渡す際に要した旅費等）に限られると理解すべきであって，長期にわたって継続する養育費の支払は，やはり子の監護に関する処分として当事者からの申立てが必要である。

を求めることがある。裁判所は，子を監護していなかった親が子を監護していた親の下から子を連れ去って，現に監護しているような場合において，子を連れ去られた親を親権者と定めるべき場合に，その実効を期することが必要であると判断したときは，職権で子の引渡しを命じることができる（人事訴訟法32条2項参照）。したがって，上記の子の引渡しを求める申立ては，裁判所の職権の発動を促すものと解すべきである（それゆえ，東京家裁では，こうした申立てについては，附帯処分の申立てとしての手数料の貼付を不要としている。）。

(6)　養育費の支払

未成熟子の養育費の支払の申立ては，離婚後の子の監護費用（民法766条）としての性質を有している。これは，将来の請求であって，離婚した場合に離婚時（正確には離婚の確定の日）から通常は満20歳に達する日の属する月までの月々の金員の支払を求める申立てである（注12）。

養育費は，もともと現実に子の生活に要する費用であり，子の成長とともに，あるいは両親の収入等によってその額は変化し得るものであるから，その一括払を求めることは相当ではない。

このように養育費は，確定期限の定めのある定期金債権であるから，その一部に不履行があるときは，確定期限が到来していないものについても，債権執行を開始することができ（民事執行法151条の2第1項3号），一定の額の範囲では差押禁止の範囲の対象外とされている（同法152条3項）ほか，間接強制という方法による強制執行をすることができるとされている（同法167条の15）。

(7)　年金分割

離婚時年金分割制度とは，厚生年金保険の被用者年金に係る報酬比例部分の年金額（いわゆる2階部分）の算定の基礎となる標準報酬等につき，夫婦であった者の一方の請求により，厚生労働大臣等が，対象となる被保険者期間の標準報酬等の改定又は決定を行う制度である（なお，平成27年10月1日から，従前は個別の共済年金の対象とされていた国家公務員，地方公務員及び私立学校教職員も厚生年金保険に加入することとされ，被用者年金が一元化されたが，各実施機関は従前どおりとされている〔被用者年金制度の一元化等を図るための厚生年金保険法等の一部を改正する法律・平成24年法律第63号〕。）。年金分割請求をすることができるのは，平成19年4月1日以降に離婚した場合に限られるが，同日以降の離婚であれば，同日以降の婚姻期間だけではなく，婚姻期間全体が分割の対象となる。

年金分割請求の前提として，まず，夫婦の対象期間標準報酬総額の合計のうち，その一方に割り当てるべき割合を定める必要がある（これを「請求すべき按分割合」という。）。平成20年4月1日以降に婚姻し，離婚した夫婦であって，その一方が被用者年金に加入し，他の一方が婚姻期間を通じて他方の被扶養配偶者（第3号被保険者）であった場合は，裁判所の手続や当事者の合意を要することなく，直接に年金事務所に分割請求をすることになり，その場合は，当然に按分割合は

注12　かつては，養育費の支払の終期を「成人に達するまで」とする例も見られたが，最近では，令和4年4月1日に民法の一部を改正する法律（平成30年法律第59号）が施行されたことに伴い，民法の定める成年年齢が20歳から18歳に引き下げられたこともあり，疑義が生ずることを避けるため，「成人に達するまで」との記載はしていない。なお，民法の定める成年年齢が18歳に引き下げられた後においても，養育費の支払の終期との関係では，特段の事情がない限り，子は少なくとも満20歳に達するまでは未成熟子であるとして取り扱うのが通常である（司法研修所編『養育費，婚姻費用の算定に関する実証的研究』51頁以下〔法曹会，2019〕）。

0.5となるため，請求すべき按分割合に関する合意又は裁判は不要である（3号分割。ただし，分割の相手方が障害厚生〔共済〕年金の受給者である場合を除く。）。それ以外の場合は，夫婦であった者の合意又は裁判により按分割合を定める必要がある（合意分割）。

請求すべき按分割合を定めるに当たっては，按分割合の範囲を正確に把握する必要があるが，厚生労働大臣等からの情報提供は，「年金分割のための情報通知書」（以下「情報通知書」という。）という書面で行われる。離婚訴訟においては，「請求すべき按分割合に関する処分」を附帯処分として申し立てることができる（人事訴訟法32条1項）。申立ての趣旨は，「原告と被告との間の別紙年金分割のための情報通知書記載の情報に係る年金分割についての請求すべき按分割合を，0.×と定める。」とする。この附帯処分の申立てに当たっては，申立てから1年前以降に取得した情報通知書の原本を提出する必要がある（人事訴訟規則19条3項，厚生年金保険法施行規則78条の5第2号）。調停段階で取得した古い情報通知書を提出する例が散見されるが，補正を命じることになるので，注意を要する。

5　損害賠償請求

前述のとおり，人事訴訟に係る請求の原因である事実によって生じた損害賠償請求も人事訴訟と併せて提起することができる。もっとも，その請求の趣旨は，単純な金員の支払請求となることから，それが損害賠償の請求なのか，前記の附帯処分としての財産分与に関する処分の申立てなのかを明確にする必要がある（それによって，訴訟物の価額や遅延損害金の起算日も異なる。）。また，損害賠償請求である場合にも，例えば，離婚に伴う慰謝料請求と離婚原因を構成する不法行為に基づく慰謝料請求とがあるので，そのいずれであるのかを明確にする必要がある（離婚に伴う慰謝料請求権の遅延損害金は離婚の成立時に遅滞に陥る〔最判令4.1.28民集76巻1号78頁，判タ1498号39頁他〕。これに対し，離婚原因を構成する不法行為であれば不法行為の日〔一部請求として訴状送達の日の翌日を起算点とするものが多い。〕となる。もっとも，実際には，離婚に伴う慰謝料を求めるものがほとんどである。）。

6　訴額と訴えの手数料

これについては，第2章「人事訴訟事件における書記官事務」においても説明するところであるが，便宜上，ここにおいても説明する。

(1)　原　則

婚姻事件，養子縁組事件，親子関係事件についての請求は，いずれも非財産権上の請求であるから，訴額は，160万円とされている（民事訴訟費用等に関する法律〔以下「民訴費」という。〕4条2項前段）。

(2)　身分関係に関する請求が併合された場合

非財産権上の請求は，経済的利益はないものの，訴えによって受ける利益はあるから，訴額は原告の受ける利益が共通の場合には多額の一方に吸収され，共通ではない場合には合算される（民事訴訟法9条1項）。合算される場合には，訴えの手数料は合算後の訴額に対応する額となる。

ア　吸収法則による例

(ア)　第三者が夫婦に対して提起する婚姻取消しの訴え

(イ)　養子が生存中の養親双方に対して，又は養親双方が養子に対して提起する離縁，養子縁組無効確認の訴え若しくは取消しの訴え

(ウ)　第三者が養親及び養子に対して提起する養子縁組無効確認の訴え

(エ)　第三者が父又は子に対して提起する認知無効確認の訴え

イ　合算法則による例

(ア)　数人の子が共同で提起する認知の訴え

(イ)　数人の子に対して提起する親子関係不存在確認の訴え

(ウ)　離婚と離縁の取消し又は無効確認を併合提起する訴え

(エ)　戸籍上の父母が共同して戸籍上の子に対して提起する親子関係不存在確認の訴え

(3)　損害賠償請求が併合された場合

人事訴訟と同一の原因によって生じた損害賠償請求を併合した場合には，訴額は多額の一方による（民訴費4条3項）。

(4)　附帯処分等の申立てがある場合

ア　親権者の指定

親権者の指定の申立ては，職権発動を促すに過ぎないものであるから（民法819条2項），訴えの手数料は不要である。

イ　養育費，財産分与，年金分割

訴えの手数料とは別に，家事審判事項の申立手数料として1200円の納付を要する（民訴費別表第1の15の2の項）。ただし，数人の子の養育費請求は，子1人について1200円となる。なお，年金分割については，情報通知書1通について1200円となる。

ウ　その他

請求の趣旨として子の引渡しを求める場合があるが，前記4(5)のとおり，これは，子の監護に関する処分として子の引渡しを求めるものではなく，親権者の指定に伴って，人事訴訟法32条2項に基づき職権発動を求めるものであるので，手数料は不要である。

(5)　調停前置との関係

調停不成立等の通知を受けてから2週間以内に訴えを提起した場合（家事事件手続法272条3項）には，調停の際に納付した手数料に相当する額は納付したものとみなされる（民訴費5条1項）。

(6)　訴訟上の救助

訴訟上の救助の申立てがある場合には，①訴訟の準備及び追行に必要な費用を支払う資力がないこと，又はその支払により生活に著しい支障を生じること，②勝訴の見込みがないとはいえないことについて具体的な疎明資料の提出を求めている。日本司法支援センター（法テラス）による法律扶助の決定がされたという事実のみでは，①について疎明があったとはいえないので，具体的な収入の資料や課税証明書，場合により家計収支表（**資料17**）等を提出させている。②についても事実関係を簡略に記載した訴状を提出するだけのものが少なくなく，陳述書等で疎明を追完させることがある。

第5　第1回口頭弁論期日に向けた準備

1　訴状の送達

　前述のように，裁判所書記官の事務として，当事者から，最初にすべき口頭弁論期日前に，訴訟の進行に関する意見その他訴訟の進行について参考とすべき事項を聴取することができる（民事訴訟規則61条1項，2項参照）とされていることから，運用上は，訴状受理に際して，原告に対し，訴訟進行に関する照会書（資料7）を交付し，訴状送達等に関する情報の提供を求めている（注13）。

2　第1回口頭弁論期日の指定

　第1回口頭弁論期日は，公示送達が予想される事件など特別の事由がある場合を除き，訴えが提起された日から30日以内の日に指定しなければならないとされている（民事訴訟法139条，民事訴訟規則60条2項）。

　前述した照会書（資料7）の回答等から見て，調停の経過等を把握できる場合には，弁論準備手続に付すことが相当とされる事件については，当事者に異議がないことを確認した上で，第1回口頭弁論期日前に弁論準備手続を行うことも可能である（民事訴訟規則60条1項ただし書）。人事訴訟事件については，調停前置主義が採られていることから，調停段階で十分な話合いが行われ，合意ができなかった事項や訴訟手続で解明すべき事項が絞られている場合には，第1回口頭弁論期日を待たずに争点及び証拠の整理等を行うことも有効な場合があるので，照会書については形式的に回答するのではなく，調停の経過等を裁判官が把握できるような記載がなされることが望ましい（注14，15）。

　また，当事者が遠隔の地に居住しているときなどは，第1回口頭弁論期日を指定せずに，書面による準備手続（民事訴訟法175条以下）に付すこともできる。かつては，当事者の一方が遠隔の地に居住しているときなどは，一方当事者を出頭させた上で電話会議の方法による弁論準備手続に付すれば足りるのであり，東京家裁では，離婚訴訟事件において書面による準備手続はほとんど行われていなかったが，令和2年4月の緊急事態宣言以後，新型コロナウイルス感染症の感染拡大防止対策を契機に当事者双方が出頭せず，電話会議の方法により争点整理を進める手段として，書面による準備手続が積極的に活用されている。

注13　調停段階における代理人に対する照会
　　人事訴訟事件の効率的な運用を図るため，原告に対し，訴訟進行に関する照会書を送付し，調停の段階における相手方代理人を把握し，その代理人に対して訴訟での受任の予定等の照会を行うことが考えられる。これは，在京3弁護士会との協議の際にも，了解されたことであり，弁護士会からの要望に沿って，資料7などの書式を作成したという経緯がある。
注14　木内道祥「人事訴訟の家庭裁判所移管を生かすための審理改善」家月56巻4号94頁参照。
注15　第1回口頭弁論期日前の弁論準備に明示的に反対の意見を述べる代理人（弁護士）も少なくないが，弁論準備手続を争点整理ではなく，和解を勧められる手続と誤解している場合も多いようである。

3　調停手続等の情報収集

　原告から提出された訴訟進行に関する照会書の回答等から調停経過の概略，訴訟においても問題となり得る争点あるいは訴訟の進行上の留意点を把握するほか，配偶者暴力防止法による保護命令が発令されているかどうかなど，当事者や利用者の安全を確保するために必要な情報も把握することとしている。相手方当事者による暴力行為等のおそれがあるにもかかわらず，照会書にその旨の記載がない場合，裁判所において警備の必要性などを判断することができず，結果として当事者や利用者の生命・身体に危険が生じる事態も想定されるため，代理人（弁護士）においては，当事者や利用者の安全を確保するために必要な情報は，照会書に遺漏なく回答することを留意していただきたい。なお，保護命令が発令されているなど当事者の安全を確保する必要が生じている事情がある場合には，当事者としてはそれらの事情を裏付ける資料を証拠として，訴状とともに提出すべきである。

4　第1回口頭弁論期日の準備

(1)　事件の振り分け

　前記のような訴訟進行に関する情報収集の結果に基づき，第1回口頭弁論期日で終結できる事件かどうかについて，事件の振り分けを行って，次のように，第1回口頭弁論期日に向けた準備を行っている。

　なお，第1回口頭弁論期日で終結することが考えられるのは，(2)以下に挙げるような場合である。それ以外の場合には，第1回口頭弁論期日から，争点について実質的な議論ができるように努めている。

(2)　公示送達による場合

　公示送達による事件については，原告に対し，第1回口頭弁論期日において，確認的な証拠調べができるように，事前に陳述書等の証拠を提出させ，訴状とともに送達した上で，事案の内容によっては原告本人を出頭させるように準備するよう求めることがある。東京家裁では，公示送達事件についても事案に応じて原告本人尋問を実施することがある。これについては，代理人（弁護士）の中に抵抗する向きもあるが，実際に，訴状や陳述書の内容とは異なる事実が明らかになることや，本人からの事情聴取が十分でないことが露呈することもある。人事訴訟は公益に関わる事項を対象とするので，被告が出頭しないと予想して十分な準備をしないと本人の意に反する結果となることがあるので注意が必要である（注16，17）。

注16　公示送達事件における親族等に対する照会
　公示送達による事件の場合，親族等からの被告が所在不明である旨の証明書の添付を求めている。それがない場合には，裁判所から親族等に照会書を送付して回答を求めている。親族に照会書を送付したところ，被告の住所が判明した事例も少なくない。それゆえ，公示送達の申立てをする場合には，事前に親族等に対する調査の励行を求めている。

注17　外国人を被告とする場合
　外国人を被告とする場合には，被告が我が国に在住しているのかどうかによって，通常の公示送達によることができるのか，外国送達をすべきか，外国公示送達にするのかが異なってくる。そのため，原告に対しては，出入国在留管理局に対して直近の出国の事実の有無を照会して確認することを求めている。

なお，公示送達による場合であっても，財産分与や養育費の附帯処分の申立てについて主張立証が不足していれば，下記(3)で詳述するように第1回口頭弁論期日で終結することはできないので，留意が必要である。

(3)　被告欠席の場合

人事訴訟においては，民事訴訟法159条1項の適用がないため（人事訴訟法19条1項），第1回口頭弁論期日に被告が欠席した場合であっても，擬制自白が成立したものとして口頭弁論を終結させ，判決をすることはできない。

しかし，被告が第1回口頭弁論期日に欠席した場合には，従前の人事訴訟手続法11条と異なり，期日を延期することなく，原告が提出した訴状及び準備書面の陳述や必要な証拠調べを実施することも可能である。したがって，調停の経過等から見て，被告が次の期日を指定しても出頭する可能性が少なく，特に反論も予想されない場合には，第1回口頭弁論期日において，原告の訴状等の陳述のほか，原告の提出した陳述書によって，訴訟が裁判をするのに熟したとして，口頭弁論を終結することも可能になった。例えば，離婚のみが争点の事件については上記のような運用に馴染むものがあると考えられる。ただ，離婚のみが争点であっても，事案の内容次第では原告本人尋問等の証拠調べの実施が必要な場合もあり，被告欠席の場合でも第1回口頭弁論期日で終結できないことも想定される。

他方で，離婚のみならず，財産分与や養育費等の附帯処分の申立てがなされている場合には，立証資料が不足しているものが大半であり，第1回口頭弁論期日で終結することができない場合が多数を占めている。例えば，財産分与においては，不出頭の見込みであるからと十分な検討なく安易に居住している不動産の現物分与を求めた結果，被告が出頭しない中で，財産分与の審理に複数の期日を要する例や，原告名義の資産の開示を行わない例も散見される。特に，代理人におかれては，原告名義資産の開示については，財産分与は双方の基準時時点の財産を基に清算的財産分与の内容を判断する以上，不出頭であるからといっておろそかにできるものではないことに留意されたい。また，養育費については，被告の収入を認定できる資料（源泉徴収票，確定申告書等）の提出はおろか，賃金センサス等の統計資料から収入を推計するのに足りる資料の提出もない例が散見される。これは，原告としても，被告は調停では出頭しなかったが，訴訟になれば出頭するのではないかと考え，被告の応訴を見極めている結果であるとも考えられるが，第1回口頭弁論期日などで裁判所に指示されて慌てて上述の立証の補充を検討する代理人（弁護士）も散見され，結果として審理が遅延してしまう例も少なくない。代理人（弁護士）としては，調停の経過等から被告が第1回口頭弁論期日に出席しない可能性があると考える場合には，実際に被告が応訴して来なかった場合に備え，早期に附帯処分について立証を補充することができるように事前に準備を進めておかなければ，結果として審理の終結に相当の期間を要する例があることには留意されたい。なお，財産分与の附帯処分は離婚成立後も2年間は別途，調停・審判を申し立てることが可能であることを踏まえ，被告が第1回口頭弁論期日に出席しなかった場合に，早期の離婚成立を優先させるために附帯処分の申立てを取り下げるのも選択肢になると考えられる。原告においては，被告が出頭しない場合に，附帯処分の申立てを維持するかどうかも事前に依頼者と方針を相談しておくことが望ましい。

(4)　付調停による場合

前置されるべき調停を経ることなく訴えが提起された場合，あるいは前置される調停を一応は経ているものの相手方不出頭等により実質的な話合いがされていない場合などには，調停に付することが相当でないと認めるべき事情がない限り，第1回口頭弁論期日前又は同期日において，事件を調停に付することになる（家事事件手続法257条2項）。この場合，調停は，原則として調停事件について管轄を有する家庭裁判所に処理させることになる（同条3項本文）。この点，本人の出頭が望めない，数年にわたって話合いが繰り返されたが合意をみなかったなどの理由で調停手続を不要とする旨の上申も見受けられるが，可能な限り調停での解決を試みるべきであろう。

なお，担当裁判官が単独で調停を行う場合と調停委員会を構成して調停を行う場合があるが，時間をかけて十分な調整をすることの要否などを勘案して，事案に応じて使い分けるべきであり，東京家裁においては，調停に代わる審判のために調停に付すような場合は，家事第6部の裁判官が単独で調停を行う場合も考えられるが，実質的な話合いのために調停に付す場合は，家事第2部ないし第4部における調停に付すことがほとんどである。

(5)　請求の認諾等の場合

人事訴訟法は，被告が離婚請求を認諾することを認めたわけであるが，これは附帯処分の申立てがされていない場合及び親権者の指定の必要がない場合に限られている（同法37条1項ただし書）（注18）。

第6　第1回口頭弁論期日の運営と計画的審理の実現

1　第1回口頭弁論期日の運営

民事訴訟法は，第1回口頭弁論期日から争点に関する実質的な協議を行い，その後，継続して争点整理を行うべき事件については，当事者と裁判所で争点整理手続の選択に関する協議をして，早期に争点を整理することができるように規定を整備している。そのため，訴状に間接事実の記載や重要書証を添付することを求められており，答弁書についても同様の事項が求められている（民事訴訟規則53条，55条，80条）。人事訴訟においても，当事者代理人には，訴状，答弁書の記載の充実や重要書証の添付を励行することが求められている（**資料3**の答弁書参照）。

そして，第1回口頭弁論期日においては，単に事件の振り分けにとどまらず，争点と進行意見の確認をすることもある。具体的には，例えば離婚訴訟であれば，被告に対し，第1回口頭弁論期日において，①離婚自体を争うのか否か，②離婚自体を争う場合でも，離婚事由の存否を争うのか，それとも婚姻関係が破綻していることは認めた上で有責配偶者からの離婚請求であるとの主張（抗弁）をするのか，③親権者の指定についてどう考えているのか，④財産分与の基準時や

注18　人事訴訟法37条3項

　　請求を認諾する旨の書面を提出した者が口頭弁論期日に出頭しない場合には，その書面を陳述したものとみなすことはできないとされている（人事訴訟法37条1項，民事訴訟法266条参照）。また，電話会議の方法を用いた弁論準備手続期日においては，請求の認諾はできないとされている（人事訴訟法37条3項，民事訴訟法170条3項参照）。

対象財産はどう考えているのか，⑤反訴や附帯処分の申立てをする予定があるのか等について議論することができれば，早期に争点を整理し，審理の道筋を立てることが容易になるので，上記の①から⑤の点について裁判所から当事者双方に確認することも想定される。

　被告が簡略な答弁書しか提出せず，第1回口頭弁論期日にも出頭しない場合であっても，被告においては，第2回口頭弁論期日までには訴状に対する具体的な認否・反論を記載した準備書面を提出する必要があるとともに，上記①から⑤の点についての方針を検討し，第2回口頭弁論期日においてこれを明らかにすることができることが望ましい。

　弁論が単に書面の交換の場に終わることなく，「議論の場」になるように事実主張や法律論について十分な準備をして臨むことが求められる。

2　計画的審理の実現

　人事訴訟事件は，一般には民事訴訟法147条の3第1項にいう「審理すべき事項が多数であり又は錯そうしているなど事件が複雑である」とはいえず，計画審理の対象事件にはならない。しかし，人事訴訟事件であっても，「訴訟手続の計画的な進行」を図る必要があり（同法147条の2），計画審理に準じた運用を行うべきである。すなわち，事案と争点に応じた判決等までのおおまかなタイムスケジュールを想定し，随時，争点整理の予定期間，証拠調べの予定時期，口頭弁論終結の目標時期等を裁判所と双方当事者が共有化して，事件の進行を図ることが重要である。必要な事件については，第1回口頭弁論期日において，裁判所から当事者の意見を徴することとしているので，遅くとも第1回口頭弁論期日までに，争点や和解についての意見を含む事件の進行方針を当事者と十分協議の上，弁論に臨んでもらいたい。

　また，計画的審理は，訴訟手続全体を通じて意識されるべきものであり，複数の争点がある場合でも同時並行できる主張立証は並行して行わせ，事案によっては，ある程度争点整理の見通しが見えた段階で，複数期日の指定又は仮予約をすることも検討すべきである。

第7　争点整理手続

1　人事訴訟における争点整理の意義

　民事訴訟法は，争点整理手続として，①準備的口頭弁論（164条），②弁論準備手続（168条），③書面による準備手続（175条）を設けている。このうち，準備的口頭弁論は，公開法廷で行うため，人事訴訟事件では，公開を要しない弁論準備手続（169条2項参照）や書面による準備手続を活用することが多い。

　人事訴訟事件は，調停前置主義が採られており，調停が不成立になったとしても，前置された調停において十分な話合いがされていれば，当事者が，合意できなかった点や訴訟で争点になることが予想される点などについて共通の認識を有し，訴訟の早い段階で争点が明確になる場合もある。また，当事者の主張立証を基調とする訴訟手続における職権探知はあくまで補充的なものであるから，争点整理手続においても，必要な資料等は当事者から提出させている。

　しかしながら，対象財産を十分把握していない当事者から財産分与の申立てがされた場合，当事者が自己名義の財産の開示を頑なに拒む場合，相手方の財産隠しを疑い，探索的・五月雨式に

開示要求を繰り返す場合などは，争点整理に一定期間を要することも少なくなく，審理が遅延する主な要因の一つとなっている。財産分与の主張等の整理方法は前述のとおりであるが，相手方が自発的に対象となり得る財産を開示しない場合は，弁護士会の照会制度の利用や，最終的には調査嘱託等の申立てを検討することとなろう。

2　争点整理を効率的に行う方策

　民事訴訟法においては，争点整理を効率的に行うために，期日外釈明及び準備書面の直送の規定（民事訴訟法149条1項，4項，民事訴訟規則63条，83条）や，特定の事項に関する準備書面や証拠の提出期限を定める規定（民事訴訟法162条）が設けられ，民事訴訟の運用として広く定着している。家庭裁判所における人事訴訟事件の争点整理においても，同様の運用がされている。

(1)　期日外釈明

　裁判長等は，期日外においても，釈明権を行使することができ（民事訴訟法149条1項），攻撃防御の方法に重要な変更を生じ得る事項について，期日外に釈明を求めたときは，その内容を相手方に通知し（同条4項），かつそれを記録上明らかにしなければならない（民事訴訟規則63条2項）。この期日外釈明は，裁判官の包括的又は個別的な命令を受けた裁判所書記官に行わせることができる（同条1項）。東京家裁では，担当裁判官が自ら釈明する場合のほか，担当書記官を通じて釈明することも多く，的確な応答が期待される。

(2)　準備書面の直送

　争点整理を早期に効率的に行うために，当事者は，相手方が準備するのに必要な期間をおいて，準備書面を相手方に直送しなければならない（民事訴訟規則83条）。準備書面の送付を受けた相手方は，提出者及び裁判所に受領書面を提出しなければならない（同規則47条5項）。

(3)　準備書面等の提出期限

　争点整理手続においては，双方の主張や証拠を確認し，次回期日までの課題を設定することが通常であり，次回期日における議論を充実させるために，特定の事項に関する主張及び証拠の提出期限を定め，提出される主張等について相手方が内容や反論の要否等を検討するために必要な時間も考慮して期日を指定している。準備すべき事項やその提出期限等については，調書に記載することが多い。もっとも，提出期限については，当事者において必ずしも遵守されておらず，特に代理人の意識の向上を切に望みたい。

3　準備書面の提出・書証等の申出の方法

(1)　準備書面の提出

　準備書面については，離婚原因等の訴訟事項に関する主張と附帯処分等の実質的家事審判事項に関する主張とをできるだけ区別して記載することが求められるが，それらの主張を記載した別々の書面を作成する必要はなく，一通の準備書面として提出すれば足りる（注19）。

注19　附帯処分等に関する主張・資料の取扱い
　　人事訴訟事件における主張には，離婚原因等の訴訟事項に関するものと，附帯処分等の実質的家事審判事項に関するものがある。訴訟事項に関する主張は，口頭弁論において陳述されなければ判決の

(2)　書証等の申出

　書証は，弾劾証拠となるものを除き，争点整理手続中に全て申出をする必要がある（民事訴訟法174条，167条参照）。人事訴訟においては，争いのない事実であっても証拠等により認定する必要があるから，書証の申出は早期にされるべきであるが，必ずしも励行されていないのが実情であり，当事者の慣行として確立されることが期待される。

　書証の申出をするには，文書の記載から明らかな場合を除き，証拠説明書を提出しなければならない（民事訴訟規則137条1項）。証拠説明書には，文書の標目，作成者及び立証趣旨のほか，原本の有無について記載する必要がある。証拠説明書の提出についても，必ずしも励行されていない。電子メール，LINE等のSNSのメッセージのやりとりをプリントアウトしたものなどは，立証趣旨が不明であるものも多く，説明なしに裁判所が重要な部分を特定することは困難であるから，立証趣旨を明記した証拠説明書の提出が求められる。また，渉外事件等において，外国語で作成された文書を提出して書証の申出をするときは，取調べを求める部分についてその文書の訳文を添付しなければならない（民事訴訟規則138条1項前段）。さらに，録音テープ等の証拠調べの申出については，東京家裁では，通常，反訳書面の提出を求めており（同規則149条1項参照），録音が長時間にわたる場合には，証拠説明書の立証趣旨に，重要と考える部分を特定して記載することが求められる。

(3)　人証の申出

　人証の申出は，できるだけ一括してしなければならない（民事訴訟規則100条）。証人尋問の申出書には，証人の住所・氏名のほか，尋問に要する見込み時間（同規則106条），同行の予定・呼出手続の要否についても記載する必要がある。証人尋問の申出をするには，尋問事項書を提出しなければならず（同規則107条1項），これは相手方に直送しなければならない（同条3項）。

　なお，東京家裁では，前述のとおり，離婚訴訟については，ほとんどの事案で，原告及び被告の各本人尋問を同一期日に実施している。尋問時間については，原則として，両当事者の主尋問，反対尋問ともに20分としつつ，各当事者の手持ち時間（原則各40分）内で適宜人証ごとに時間を振り分けることを認めており，補充尋問を含めても概ね1時間30分以内で尋問を終えることが多い。尋問時間は，事案に応じて増減することはあるが，尋問を続行することはほぼない。また，離婚訴訟においては，不貞行為の有無等が争点となるような場合等以外は，他の人証を採用して調べることはほとんどない。

　資料とならないが，実質的家事審判事項に関する主張は必ずしも口頭弁論で陳述される必要はない。また，訴訟事項に関する資料は，書証として証拠調べの方法により裁判の基礎資料とされるが，実質的家事審判事項に関する資料は，必ずしも書証として取り調べる必要はなく，事実の調査がされれば，裁判の基礎資料となり，その閲覧等の規律が訴訟事項に関する資料である証拠とは異なっている（民事訴訟法91条，人事訴訟法35条参照）。このように，理論的には，訴訟事項に関する主張・資料と実質的家事審判事項に関する主張・資料とはその取扱いの方法は異なる。もっとも，実際には，ある主張・資料が，訴訟事項と附帯処分等の双方に共通のものとなっていることが多い。附帯処分等についても，訴訟手続において審理され，そこで得られた主張・資料をそのまま用いて裁判することができること，前記のとおり，そもそも事実の調査による資料収集は補充的かつ限定的に位置付けられていることからすれば，附帯処分等に関する主張も口頭弁論で陳述され，その資料は証拠調べにより収集されるよう取り扱うのが相当であり，実務もそのように運用されている。

4　離婚原因の争点整理

　離婚訴訟においては，そのほとんどにおいて，離婚事由として「婚姻を継続し難い重大な事由」（民法770条1項5号）があることが主張される。同号に基づく離婚請求については，通常の民事訴訟のように要件事実を観念できるとしても，それが抽象的であり，規範的な要素を含むことから，争点整理が不可欠である。

　離婚原因の争点整理に当たっては，同号所定の事由をどのように捉えるかが重要である。「婚姻を継続し難い重大な事由」とは，別の表現をすれば，婚姻関係が破綻していることであり，これには，主観的要素と客観的要素がある。婚姻関係が破綻しているといえるには，客観的に破綻状況にあるといえなければならないが，原告が同居を継続しながら離婚を求める例もあるので，婚姻生活がどのような状況にあるのかを具体的に主張する必要がある。

　ところで，被告は，民法770条1項5号に基づく離婚請求に対して請求棄却の答弁をする場合であっても，原告が主張する破綻の原因や破綻に至る経緯を争うが，婚姻関係が破綻していることは争わないことも多い。このような場合は，離婚そのものは争点とはならない。裁判所は，被告が婚姻関係の破綻そのものを争うのかを確認する必要がある（ただし，婚姻関係が破綻していることについて自白〔民事訴訟法159条1項〕は成立しないから〔人事訴訟法19条1項〕，証拠及び弁論の全趣旨により認定することが必要である。（注20））。

　なお，被告が，婚姻関係が破綻していることは争わないが，その原因は原告にあると主張して，反訴として離婚請求をすることがある。この場合，かつては，それぞれが主張する離婚原因についての判断に応じ，一方の請求のみを認容し，他方の請求を棄却する例もみられたが，近時は，双方の請求を1つの主文で同時に認容する例が多い。

5　附帯処分等の争点整理
(1)　附帯処分等の審理方法

　附帯処分等については，裁判所はその裁判をするに当たり事実の調査をすることができる（人事訴訟法33条）が，訴訟手続の中で審理され判決により判断されるものであるから，判断に必要な事実は，基本的には，当事者が主張立証するべきであり，事実の調査はいわば補充的に実施されるべきものである。裁判所は，このような事実の調査の位置付けを十分に踏まえて，証拠調べ及び事実の調査に先立つ争点の整理を行う必要がある。

　特に，附帯処分等については，権利・義務の発生・変更・消滅等について審理をする通常の民事訴訟とは異なり，権利・義務の存在を前提として，その具体的内容を形成するものであるとこ

注20　関連請求と弁論主義について

　　人事訴訟に係る請求に関連請求を併合した場合（人事訴訟法17条参照），関連請求に弁論主義が適用されるか，については，両請求に共通する面においては民事訴訟の適用が排除されるという見解と，自白の拘束力は失われない等，民事訴訟の規律に従うとする見解がある（松川正毅ほか編『新基本法コンメンタール人事訴訟法・家事事件手続法』49頁〔日本評論社，2013〕参照）。なお，人事訴訟の訴訟手続において民事訴訟法254条1項1号が適用されるかが争点となった事案で，同号は自白法則等の適用があることが前提となっているとみるべきであるとした上で，慰謝料請求の部分についても同号の適用はない旨の判断をした裁判例に，東京高判平30.2.28家庭の法と裁判25号98頁がある。

ろ，その主張が漠然としたものになりやすい。裁判所は，当事者に，権利・義務の具体的な形成に影響する具体的事実を主張させ，例えば，財産分与における特有財産の存在，養育費におけるいわゆる私学加算等の具体的な争点を提示させる必要がある。この点を調書にどのように記載するかについては，第2章「人事訴訟事件における書記官事務」を参照されたい。

(2)　財産分与に関する処分

ア　家庭裁判所は，当事者双方がその協力によって得た財産の額その他一切の事情を考慮して，分与をさせるべきかどうか並びに分与の額及び方法を定める（民法768条3項）。東京家裁においては，①夫婦が共同生活中に形成した財産の清算（清算的要素）を中心に，当事者から主張があれば，事案に応じて補充的に，②離婚後の生活のための扶養（扶養的要素），③婚姻関係を破綻させたことに対する慰謝料（慰謝料的要素），④過去の婚姻費用の清算等の要否なども考慮して判断することが一般的である。もっとも，裁判実務上，一般に，財産分与の判断は，夫婦の実質的共有財産の清算に重きが置かれており，慰謝料的要素は，それが必要とされるならば，財産分与の申立てとは別に離婚慰謝料の損害賠償請求によって実現されようとすることが多いから，財産分与の判断において実質的に考慮されることはほとんどない。また，扶養的要素も，清算的財産分与や離婚慰謝料が認められる結果，当事者双方が将来の生計の維持を図ることができる場合には，財産分与の内容として実質的に考慮されることはない（大門匡＝木納敏和「離婚訴訟における財産分与の審理・判断の在り方について（提言）」家庭の法と裁判10号9頁参照）。

イ　このうち，清算的財産分与の主張整理は，対象，争点等が多岐にわたることがあり，審理方針次第では長期化するおそれが大きい。そこで，できる限り審理方針を明らかにし，早く，分かりやすく，過不足なく判決に必要な資料を収集するための方策が必要であり，当事者においても，財産分与の趣旨に従った公平でバランスのとれた解決に向けて活動することが望まれる。東京家裁においては，財産分与の申立てがあった事案においては，概ね，次のような審理を行っている。

まず，①できる限り早期（通常は，双方当事者が出頭する最初の期日）に分与対象財産確定の基準日を確認し，②双方当事者に対し，基準日における自己名義の財産（共有財産・特有財産を問わない。）の開示（書証として提出させる。）とこれに対応する暫定的な婚姻関係財産一覧表の作成・提出を求めている。婚姻関係財産一覧表の書式や記載上の注意事項等（**資料8ないし10**）は，東京家裁のホームページhttp：//www.courts.go.jp/tokyo-f/saiban/tetuzuki/zinzi_soshou/index.htmlからダウンロードすることができる。

その後，③適宜，相手方に対する求釈明（追加の財産開示を求める場合はある程度具体的な根拠を示すべきである。）を経て，④相手方名義の財産の存在について相当の根拠があるにもかかわらず相手方が任意に開示しない場合や，基準日が相当古いなどの理由で任意の手段によっては自己名義の預金口座の残高証明を取得することができない場合などには，当事者から調査嘱託の申立てがあれば，必要性・対象等を精査した上で全部又は一部を採用する（ただし，一般に，預金口座等について，金融機関の全支店を嘱託先とするものや，長期間の取引履歴を調査事項とするものといった探索的な調査嘱託の申立ては，採用していない。）。⑤基準日の預金口座の残高中に自らの特有財産部分が含まれている旨の主張がされ，相手方がこれを争う場合は，特有財産部分の存在を主張する側にその立証を求める。⑥全体的な財産分与の割合は夫婦のそれぞれについて2分の1とすること

（いわゆる「2分の1ルール」）を原則とし，これと異なる主張をする当事者に，その基礎となる具体的な事実の立証を求める。⑦事案によっては，弁論の全趣旨や一切の事情による最終的な調整を検討する。

　裁判所は，以上の過程を通じ，婚姻関係財産一覧表については，加除訂正があるたびに，当事者間で随時データ（Excelファイル）をやり取りし，裁判所に最新版を提出し，適宜の時点で裁判所に最終版のデータを提供するよう依頼している。このような審理をほぼ全件で行うことにより，争点を可視化し，できる限り審理の漂流を防いでいる。

　ウ　金銭給付の方法による場合の財産分与の給付額は，一般に，基準日に存在した相手方名義の資産・負債（以下「資産等」という。）が，申立人・相手方の各名義の資産等の合計額に相手方の財産分与の割合を乗じた金額を上回る場合のその差額を基礎として定められるから，積極財産・消極財産を問わず，基準日に存在することが立証されないものは，分与額の算定の基礎に含めることができない。例えば，婚姻期間中に取得した給与が貯蓄されているはずであり，その2分の1相当額の支払を求めるなどという主張が散見されるが，このような場合に，基準日に当該貯蓄が存在することが立証されることはほとんどない。

　エ　離婚訴訟において裁判所が財産分与の額及び方法を定めるについては当事者双方の一切の事情を考慮すべきものであることは民法771条，768条3項の規定上明らかであるところ，婚姻継続中における過去の婚姻費用の分担の態様は上記の事情のひとつにほかならないから，裁判所は，当事者の一方が過当に負担した婚姻費用の清算のための給付をも含めて財産分与の額及び方法を定めることができる（最判昭53.11.14民集32巻8号1529頁，家月31巻3号83頁，判タ375号77頁）。しかし，夫婦関係が円満に推移している間の夫婦の一方が過当に負担した婚姻費用は，特段の事情がない限り，清算の対象とならない。また，既に別居開始後の婚姻費用の額等が調停・審判により確定しており，債務名義がある場合には，それが未払であっても，これによる強制執行が可能であり，債務名義を重ねる必要はないので，基本的にはこれを考慮することはできない。

　オ　夫又は妻が婚姻期間中に取得した不動産等の財産は，夫婦の実質的共有財産と事実上推定されるから，特有財産（固有財産）であると主張する当事者が，それを裏付ける資料等を提出する必要がある。特定の財産の取得に当たり，夫婦共有財産と特有財産の双方を原資としている場合，一方による特有財産の出捐を財産分与に当たりどのように考慮するかについては，東京家裁では，当該特有財産を原資とする部分を特有財産部分として割合的に控除し，残余の部分のみを分与対象財産とする考え方による場合が多い。

　カ　財産分与の割合については，特段の事情がない限り2分の1としており，特段の事情を主張する者は，それを裏付ける資料等を提出する必要がある。

(3)　養育費の支払

　養育費の支払については，「養育費，婚姻費用の算定に関する実証的研究」（司法研究報告書70輯2号）におけるいわゆる改定標準算定方式の考え方に基づき，審理・裁判をしている。改定標準算定方式は，算定表（資料15参照）中の一定の幅の中で個別事情も加味して養育費の額を簡易迅速に算出する方式として，実務上広く定着している。

　争点整理では，まず，直近の源泉徴収票，確定申告書，課税証明書等の提出を求め，当事者双方の収入を把握する。審理中に新たな年についてのものの提出が可能となった場合には，その提

出を求めている。権利者が義務者に対し，いわゆる私学加算や海外留学費用等の負担を求める場合は，当該私立学校への入学や留学等について夫婦間でされた協議や合意等の有無・内容，家計費等とのバランスなどについて主張をした上で，関係する資料を提出すべきである（これらの問題については，岡健太郎「養育費・婚姻費用算定表の運用上の諸問題」判タ1209号4頁等参照）（注21）。

(4)　親権者の指定

ア　調停段階において親権者の指定が争点となり合意が形成されずに離婚訴訟に至った場合で，裁判所としては，既に明らかになっている事情に基づいて親権者の指定について容易に判断することができるものの，親権者と定められないことになるであろう一方当事者はこれに納得しないという例は少なくない。

このような事案にあっては，親権者の指定について，事実の調査はもちろん，証拠調べの必要もない。もっとも，当該当事者から詳細に話を聴くと，例えば，親権者を相手方と指定することはやむを得ないが，子との面会交流のルール化を求めている場合もあり，当事者と裁判所との間で当事者の真の意向が早期に確認されることにより，和解を含めた柔軟な訴訟進行が可能となる。ただし，面会交流については，判決手続になじまないことは前記のとおりであり（第4の4(4)），話合いによる早期解決が困難であれば，別途，調停・審判による解決を促している。

イ　親権者の指定に争いがない場合や，非監護親（現在子を監護養育していない親）が監護親（現在子を監護養育している親）による子の監護の現状について漠然とした不安を訴えるにとどまり，自らが親権者となった場合の具体的な監護養育の計画もなく，監護補助者の協力を得られる見通しもないといった場合は，早期の段階で判断の見通しを伝え，「子の親権者については争わない」などと調書に記載し，訴訟の争点から外したことを明らかにしている。

ウ　親権者の指定が実質的に争われる場合は，一般的には，監護親は，①子が現在監護されるに至った経緯（別居に至る経緯），②子が出生してから現在までの具体的な監護の状況，③現在の健康状態，稼働状況，経済状態，④子の生活状況，学校等での様子，健康状態，⑤監護補助者の有無及び監護補助の態様・程度，⑥自らが親権者としてふさわしい理由，⑦相手方が親権者としてふさわしくない点があればその理由，⑧今後の監護の方針等を，非監護親は，①別居に至る経緯，②子との同居中の具体的な監護の状況，③面会交流の状況，④現在の健康状態，稼働状況，経済状態，⑤監護補助者の有無及び期待できる監護補助の態様・程度，⑥自らが親権者としてふ

注21　離婚の訴えにおいて，別居後単独で子の監護に当たっている当事者から他方の当事者に対し，別居後離婚までの期間における子の監護費用の支払を求める旨の申立てがあった場合には，民法771条，766条1項が類推適用され（最判平9.4.10民集51巻4号1972頁，家月49巻9号92頁，判タ956号158頁参照），当該申立ては，人事訴訟法32条1項所定の子の監護に関する処分を求める申立てとして適法なものであるということができるから，裁判所は，離婚請求を認容する際には，当該申立ての当否について審理判断しなければならない（最判平19.3.30裁判集民事223号767頁，家月59巻7号120頁，判タ1242号120頁）。もっとも，一般に婚姻費用の中には子の監護費用も含まれるから，別居開始後に適切な額の婚姻費用が支払われている場合は，別居開始後離婚までの期間における子の監護費用が独立して問題となることは想定し難い。また，前述のとおり，財産分与に関する処分の申立てがある場合，未払婚姻費用についても考慮され得るから，適切に考慮がされれば，子の監護費用については離婚後の養育費について定めれば足りるはずである。過去の養育費について支払を求める当事者は，上記の点を踏まえた主張をすべきである。

さわしい理由，⑦相手方が親権者としてふさわしくない点があればその理由，⑧今後の監護の方針等を，それぞれ主張することが多い。

　当事者の主張する事実等を裏付ける書証としては，母子手帳，診断書，保育園等の連絡帳や学校の通知表，写真，手紙，源泉徴収票，課税証明書，子の監護に関する陳述書等がある。とりわけ，子の監護に関する陳述書は，監護の実情や子の状況等を把握する上で重要であり，親権が実質的に争われる事案では，詳細な内容のものの提出を求めている。記載に当たっての注意事項，記載項目等，具体的な記載例は，いずれも東京家裁のホームページに掲載している（**資料11**ないし**13**）。

　エ　家庭裁判所調査官の専門的知識や技法を活用した事実の調査の必要があると判断する場合，できるだけ争点を絞り，資料等を十分に提出させ，調査事項が特定された効率的な調査ができるように努めている（人事訴訟規則20条）。調査に先立ち主張立証すべき事項に漏れがある場合は，期日又は期日外で追完を求めることがある。

　オ　子が15歳以上である場合には，その陳述を聴く必要がある（人事訴訟法32条4項）。親権者の指定について争いがある事案においては，一般的には家庭裁判所調査官による事実の調査によることが多いが，争いがない場合は，監護親に，子自らがその意向・心情を記載した書面を書証として提出するよう求めている。なお，実務上，裁判官による審問をすることはほぼない。

(5)　年金分割

　家庭裁判所は，対象期間における保険料納付に対する当事者の寄与の程度その他一切の事情を考慮して，請求すべき按分割合を定めることができる（厚生年金保険法78条の2第2項）。しかし，現行の被用者年金の中心となる老齢年金は，その性質及び機能上，基本的に夫婦双方の老後のための所得保障としての社会保障的意義を有しているところ，婚姻期間中の保険料納付は，互いの協力により，それぞれの老後等のための所得保障を同等に形成していくという意味合いを有しているものと評価することができるので，対象期間における保険料納付に対する夫婦の寄与の程度は，特別の事情のない限り，互いに同等とみるのが制度の趣旨と解される。したがって，上記按分割合は，例えば同居期間に比例するものではなく，原則として0.5と定めるのが相当である。東京家裁においては，判決で0.5以外の割合を定めた例は見当たらない。

6　家庭裁判所調査官による事実の調査を命ずるための準備

　親権者の指定について家庭裁判所調査官による事実の調査が必要と判断した場合は，他の争点整理が概ね終了する段階で，当事者と，調査のスケジュール調整等の打合せに進むことが多い。

　上記の事実の調査は，財産分与の争点整理と並行して行うこともある。また，子への虐待等を理由として親権者の指定が争われる事案においては，事実関係を確定するために，当事者尋問等の証拠調べを先行し，その後に調査を実施することもある。なお，虐待等の事実の認定は，証拠に基づいてされるものであり，家庭裁判所調査官による事実の調査において調査事項となるものではなく，実際にもこのような調査を命じることはない。

第8　参与員の活用

1　人事訴訟法における参与員制度の趣旨

　人事訴訟は，身分関係の形成等を目的とし，広く一般社会の公益にも影響することがあり，また，家庭に関する紛争であることから，一般国民の良識をより反映させるため，職業裁判官以外の者を参与員として審理に関与させ，裁判官がその意見を聴くことができるようにすることが望ましいと思われる。そのため，人事訴訟法は，家事審判における参与員制度を人事訴訟にも拡充した。

　人事訴訟における参与員制度は，諸外国に見られるような評決権が付与される形態の参加ではないものの，徳望良識のある者の意見を通じて，一般良識を裁判所の判断に反映させることを目的とするものである。

2　参与員の活用指針

　人事訴訟法は，家庭裁判所が「必要があると認めるとき」に参与員を事件に関与させることができるものとしている（9条1項）。これは，どのような事件について参与員の関与を求めるのが適当か，審理のどの段階で参与員の関与を求めるのが適当かなどについて，家庭裁判所の裁量判断に委ねる趣旨である（注22）。

(1)　参与員の関与対象事件

　参与員制度の趣旨を踏まえると，離婚事件のうち有責性や破綻の有無が問題となっている事案や慰謝料の額が問題となっている事案は，まさに一般良識に基づく評価・判断を反映させるにふさわしく，東京家裁においても，主としてこのような事案に関与を求めている。具体的には，いわゆる有責配偶者からの離婚請求の事案で離婚請求を認めることが苛酷な状況といえるかが争点となるものや婚姻関係破綻の有無についての評価が問題となるものなどについて，参与員の指定をしている。

(2)　参与員が関与する手続段階

　参与員制度は，一般国民の負担において司法参加を図る制度であることから，その関与の段階を検討する際にも，できるだけ参与員に負担をかけないような形で効果的にその良識を反映させる運用を目指す必要がある。そのような意味からは，いまだ争点の整理ができていない段階において関与を求めるよりは，争点が整理されてその争点に絞った証拠調べが行われる段階で，証人尋問や本人尋問に立ち会うような関与を求めるべきであろう。東京家裁においては，争点整理が終了する前に参与員に関与を求めることはしていない。

　なお，和解の試みへの関与については，参与員をこれに「立ち会わせ」るとあるように（人事

注22　**参与員関与についての当事者の意向**

　　参与員を関与させるかどうかは，当事者の意向によるものではなく，その必要性・相当性の判断は裁判所の裁量に委ねられている。しかし，東京家裁においては，審理を円滑に進めるため，裁判所が参与員の関与を要すると認めたときは，その旨を事前に当事者に説明して理解を求めるのが通例である。

訴訟法9条1項），簡易裁判所の司法委員に，当事者間に争いがない訴訟について和解条項の細部を調整することなどを含めて，和解を試みるについての補助をさせているのとは異なり，裁判官の同席が常に必須の前提となっており，東京家裁においても同様の扱いである。なお，東京家裁において参与員が和解に関与するのは，争点整理終了後に証拠調べを実施し，証拠調べの結果に基づいて和解勧試を行う場合であり，証拠調べの実施前の和解に参与員が関与した事例はない。

(3)　参与員の指定

参与員の員数は，各事件について1人以上とするとされている（人事訴訟法9条2項）。家事第6部では原則として離婚事件においては，男女それぞれの立場からの良識が反映されることが望ましいことから，男女各1名の参与員の関与を求めている（**注23**）。調停委員も参与員になることはできるが，当該人事訴訟事件に前置される調停事件に調停委員として関与した者は参与員に指定しない取扱いとしている（人事訴訟規則6条）。

(4)　参与員に対する事前の説明

参与員が指定されると，通常，前日以前に記録の閲覧に来られる例が多い。その上で，当日，証拠調べの直前に，裁判官から概ね15分程度，事案の概要，争点，当日の審理の予定等を説明することとしている。その際には，参与員に対する説明用に作成した書面（争点，簡単な時系列表など），当事者から提出された身分関係図，陳述書等を用いている。

なお，離婚訴訟においては，婚姻の経緯等から別居に至るまで，詳細に記載した陳述書が提出されることがあり，こうした陳述書は，しばしば必要以上に大部となり，数十頁にわたるものも少なくない。そもそも，過度に詳細なものは，かえって紛争を激化させたり，心証を取りにくくさせたりするので，好ましいとはいえない。これを参与員が事前に読もうとすると時間を要することになる。仕事を有している参与員も多く，過度の負担にならぬよう，このような場合には要約した陳述書の提出を求めることも考えられる。

(5)　参与員の権限

ア　証拠調べへの立会い

裁判所は，必要があると認めるときは，参与員が証人等に直接問いを発することを許すことができるとされており（人事訴訟規則8条），実際には，参与員も発問していることが通常である。

イ　意見陳述

裁判所は，参与員が審理に立ち会った事件について意見を聴くことができるとされており，これにより，夫婦や人間関係等に対する認識を新たにすることも多い。このような意見交換は，判決等の説得力を高める上でも，極めて有益なものである。

なお，判決には，参与員が審理に立ち会い，その意見を聴いた旨を記載しているが，参与員の氏名までは記載していない。

注23　令和2年4月以降の運用

　　なお，令和2年4月頃から，新型コロナウイルス感染症の感染拡大防止のため，参与員の員数を1名に制限しているが，かかる運用は暫定的なものであり，新型コロナウイルス感染症の流行が収束するなどした場合には，従前どおり2名の参与員を選任することになる見込みである。

ウ　和解の試みへの立会い

　裁判所は，参与員を和解の試みに立ち会わせて，事件について意見を聴くことができるとされており，証拠調べの終了後，直ちに和解を勧試する場合などには，引き続き和解手続にも関与することになる。その際，裁判官とは違った視点からの貴重な助言を得て和解に至ることもある。

(6)　参与員への結果連絡等

　東京家裁では，意見交換の際，結果が知りたい旨の希望が参与員からあれば，判決又は和解で事件が終了した後，これに応じるようにしている。

第9　証拠調べ

1　集中証拠調べの準備

　書証は，弾劾証拠となるものを除き，弁論準備手続等の争点整理手続中に全て提出させる必要があり（民事訴訟法170条2項，民事訴訟規則102条），証人及び当事者本人の尋問の申出は，できる限り一括してしなければならないとされている（民事訴訟規則100条）。人事訴訟法上，時機に後れた攻撃防御方法の却下の規定（民事訴訟法157条）は適用がない（人事訴訟法19条1項）が，信義誠実の原則（民事訴訟法2条）等に照らしても，適時適切な証拠提出が求められることは当然といえる。

　また，証拠調べの実施には，証人の出頭確保が不可欠であることから，証人尋問の申出をした当事者に証人の出頭確保義務を負わせている（民事訴訟規則109条）。なお，当事者本人尋問については，裁判所は，本人に対し，期日に出頭するよう命ずることができるが（人事訴訟法21条，人事訴訟規則15条），東京家裁において実際に命じた事例はほとんどない。

2　集中証拠調べの実施

　証人尋問及び本人尋問は，できる限り，争点整理が終了した後に集中して行わなければならないとされている（民事訴訟法182条）。

　この点，離婚訴訟においては，当事者以外の者を証人として尋問することは稀であり，東京家裁においては，原告及び被告の各本人尋問を同一期日に実施することとし，同一期日で効果的な尋問が実施できるよう，当事者には事前に証拠として陳述書を提出してもらうことにしている。

　そして，尋問時間は，原則として，両当事者の主尋問，反対尋問ともに20分としつつ，各当事者の手持ち時間（原則各40分）内で適宜人証ごとに時間を振り分けることを認めている。

3　遮へいの措置等

　離婚訴訟では，とりわけDV事案などで，相手方本人の面前で供述することを極度に怖れる当事者も散見される。この場合，民事訴訟法は，①不安や緊張を緩和するのに適当な者の付添い（210条，203条の2），②遮へいの措置（210条，203条の3），③ビデオリンクの方法による尋問（210条，204条）の規定を設けている。

　上記①ないし③のうち，実務上最も利用されているのが，②遮へいの措置（尋問を受ける者と当事者本人又はその法定代理人若しくは傍聴人との間に遮へい板を置き，相互に相手の状態を認識できないようにする措置）である。

　当事者本人又はその法定代理人との間に遮へいの措置をとることができるのは，事案の性質や尋問を受ける者の年齢又は心身の状態，尋問を受ける者と当事者本人又はその法定代理人との関係その他の事情により，尋問を受ける者が当事者本人又はその法定代理人の面前で陳述するときに圧迫を受け，精神の平穏を著しく害されるおそれがあると認められる場合であって，裁判所が相当と認めるときであり，尋問を受ける者と傍聴人との間に遮へいの措置をとることができるのは，事案の性質や尋問を受ける者が犯罪により害を被った者であること，年齢，心身の状態又は名誉に対する影響その他の事情を考慮し，裁判所が相当と認めるときである（民事訴訟法210条，203条の3第1項，第2項）。

　この点，離婚訴訟では，DV等の諸事実について争いがある場合がほとんどであり，相手方が遮へいの措置をとることについて反対する場合も少なくない上，相手方当事者と顔を合わせたくないといった抽象的な理由を述べるにとどまるなど，実際には遮へいの措置を講じる要件を充足しないのにもかかわらず申出がなされる場合も見受けられるので，代理人におかれては遮へいの措置の要件を充足しているのかどうかについて慎重な検討が望まれる。

4　公開停止

　憲法82条は，裁判公開の原則を定めているが，憲法の定める裁判の公開原則の例外（同条2項）に該当するものとして，人事訴訟法22条1項は，裁判の公開を原則としつつも，当該当事者本人若しくは法定代理人又は証人が，人事訴訟の目的となる身分関係の形成又は存否の確認の基礎となる事項であって，自己の私生活上の重大な秘密に係るものについて尋問を受ける場合において，当該当事者等が公開の法廷で当該事項について陳述することによって，社会生活を営むのに著しい支障を生ずることが明らかであることから，当該事項について十分な陳述ができず，かつ，当該陳述を欠くことにより他の証拠のみによっては当該身分関係の形成又は存否の確認のための適正な裁判ができないおそれが認められるときは，当該事項の尋問を公開しないで行うことができる旨定めている。

　当事者尋問等の公開の停止の決定をするには，裁判所はあらかじめ当事者等及び証人の意見を聴かなければならないとされ（人事訴訟法22条2項），裁判官の全員一致により公開停止の決定をするときは，その旨を理由とともに公開の法廷で言い渡し，その後，公衆を退廷させ，当該事項に係る尋問が終了した場合には，再び公衆を入廷させなければならないとされている（同条3項）。また，公開停止の決定に対しては，独立して不服申立てをすることはできず，当事者尋問等を非公開で行った終局判決に対する上訴でその当否を争い得るものである（民事訴訟法312条2項5号参照）。特別抗告の可否については，民事訴訟法336条等の解釈に委ねられるが，特別抗告を認めると，上訴により公開停止の裁判の当否を争う方法と重複してしまうという問題があることから，特別抗告は認められないと解すべきである。なお，東京家裁において当事者尋問等の公開を停止した事例は，平成16年4月以降，1件のみである。

第10　事実の調査

1　事実の調査の位置付け

　人事訴訟法は，附帯処分についての裁判又は親権者の指定についての裁判（以下，附帯処分と親権者指定を合わせて「附帯処分等」という。）をするに当たって，裁判所が事実の調査をすることができるとしている（33条1項）。これは，附帯処分等は実質的な家事審判事項であるという性質を有することから，家事審判における事実の調査を附帯処分等の審理においても利用できるようにする趣旨である。

　しかし，附帯処分等といえども，訴訟手続の中で審理され判決により判断されるものであるから，当然に事実の調査によるというのではなく，基本的には，当事者の主張立証によるべきであって，事実の調査はいわば補充的な位置付けであることを十分に踏まえる必要がある。

2　裁判所が行う事実の調査

(1)　事実の調査の方法

　事実の調査は，証拠調べの方法によらずに裁判所が自由な方式で裁判資料を収集することを指す概念であって，その方法は限定されていないが，裁判官による審問，関係機関への照会や家庭裁判所調査官による事実の調査等がある。

(2)　子の意向聴取における事実の調査

　事実の調査が行われる場合は，典型的には子の意向聴取の場面である。

　人事訴訟法は，親権者の指定等の裁判に当たって，子が15歳以上であるときは，その陳述を聴かなければならないとしている（32条4項）。これは，附帯処分等は実質的家事審判事項であることから，家事審判について子の意向聴取を定める家事事件手続法152条2項と同様の取扱いをする必要があることのほか，児童の権利に関する条約12条第2パラグラフが，児童が「自己に影響を及ぼすあらゆる司法上の手続」において意見を聴取される機会を与えられる旨規定していることをも踏まえたものである。

　具体的にどのような方法で子の意向・心情を聴取するかは，子の年齢，性格等を考慮して決める必要がある。15歳以上の子については，東京家裁では，子の意向・心情を書面にしたものを陳述書として提出させており，これで足りることが多い。しかし，監護親に無理矢理書かされたものであり，子の真意ではないなどと争われる場合には，裁判官による審問も考えられなくはないが，主として家庭裁判所調査官の調査によることとしている（**注24**）。

　これに対し，15歳未満の子については，子の意向・心情の聴取は慎重に行う必要があり，家庭裁判所調査官による調査で行うのが相当とされる場合が多い（詳細は，第3章**第3の5**参照）。

注24　子の審問の立会権と期日の告知

　　当事者審問の期日については，他の当事者が立ち会うことができ，その期日を通知することが原則となっている（人事訴訟法33条4項，人事訴訟規則22条）が，子を含めた第三者の審問期日については，事実の調査の原則に立ち返って，法は当事者の立会権を認めておらず（人事訴訟法33条5項参照），規則上もその事前告知を求めていない。特に，子の審問については，子の意向・心情を考慮すると，実質的にも当事者の立会いは相当ではないであろう。

(3)　事実の調査の手続保障

　審問期日を開いて当事者の陳述を聴くことにより事実の調査をするときには，当事者の手続保障として，原則として他方の当事者が立ち会うことができ（人事訴訟法33条4項），そのために，原則としてその期日は通知しなければならないとされている（人事訴訟規則22条）。

　また，裁判所書記官は事実の調査の要旨を記録上明らかにしておかなければならず（人事訴訟規則23条），事実の調査をした旨を原則として当事者に通知しなければならないとされている（同規則24条）。

3　家庭裁判所調査官による事実の調査

(1)　家庭裁判所調査官による事実の調査の拡充の趣旨

　人事訴訟法は，離婚等と同時に解決すべき附帯処分等について，裁判所が事実の調査をすることができ（33条1項），その事実の調査を家庭裁判所調査官にさせることができるものとしている（34条1項）。

　これは，家庭裁判所には，家庭裁判所調査官が配置され，その行動科学等の専門的な知識や技法を活かした調査の結果が家庭裁判所での調停・審判を適切なものとするのに大きく貢献しているが，地方裁判所には，その種の機関がなく人事訴訟の審理・裁判に利用することができないことから，人事訴訟事件の職分管轄を家庭裁判所に移管するに当たって，家庭裁判所調査官の調査を活用する途を開く趣旨であり，実務上，事実の調査として最も利用されているのがこの家庭裁判所調査官による事実の調査である。

(2)　家庭裁判所調査官の調査の活用指針

ア　附帯処分等の事実の調査

　附帯処分等については，①子の監護者の指定その他の子の監護に関する処分，②財産の分与に関する処分，③年金分割に関する処分，④親権者の指定があるが（人事訴訟法32条），実務上，家庭裁判所調査官が財産分与や年金分割について事実の調査をすることはなく，専ら親権者の指定に関して事実の調査を行っている。

　なお，財産分与に関する処分は，もともと，夫婦が婚姻中に取得した実質的共有財産を清算するものであり，その審理の中心は，財産分与の対象財産の範囲とその取得に向けた寄与・貢献の程度にあるから，これらについては当事者の主張立証に委ねることで十分であり，養育費についても，算定表の活用が一般的となったことにより，審理の中心は，収入の認定と修正要素の有無についてであるため，これらの点について，当事者の主張立証に委ねることで十分であるから，家庭裁判所調査官の調査は行わない。面会交流については，後記ウ参照。

イ　調整活動

　家事審判・調停においては，家庭裁判所調査官の権限は，事実の調査（家事事件手続法58条）のほかに，調整活動（同法59条3項）も認められている。しかし，人事訴訟法34条1項は，家庭裁判所調査官に「事実の調査」をさせることができるとのみ規定し，調整活動を行うことを認めていない。これは，人事訴訟手続が調停等とは異なり，その請求権の存否について証拠調べ等の結果を踏まえた判断を下す厳格な訴訟手続であり，そのような手続に入った段階においては，調整を行うことは適当ではないことによるものである。仮に，調整が必要な場合があるとすれば，事件

を調停に付した上で，家庭裁判所調査官に調整を命ずることになる。

ウ　面会交流の調査（試行的面会交流）

前記のとおり，子の監護に関する処分としての面会交流が附帯処分として申し立てられることは，制度的にはあり得るが，実際には考えにくい。

面会交流は，親権者が裁判上の離婚等に当たり裁判所が職権で定めるべきもの（民法819条2項）であるのと異なり，子の監護に関する処分であって，親権者の指定に当然に包含されるものとはいえない。したがって，面会交流について裁判所が審理・裁判するためには，面会交流の申立てがあることが不可欠の前提となる（一般的には，当事者が自らを親権者に指定するように裁判所の職権発動を促す申立てをすることが多いが，このような職権発動を促す申立てとの関係では，面会交流の申立ては，いわば予備的申立てとして位置付けられると考えられる。）。仮にそのような申立てがあったとしても，面会交流は，監護親，非監護親が子の福祉に配慮して，実施すべきものであり，調整活動や試行的面会交流を必要とするケースがほとんどであるところ，上記イの通り，人事訴訟法上，調整活動は予定されていないのであるから，人事訴訟の事実の調査の中で，面会交流について家庭裁判所調査官が関与するのは事実上限界がある。そのため，通常は，面会交流について任意の話合いが困難な場合は別途調停・審判の申立てによる解決を促す場合が多く，面会交流の調査・試行のために調停に付す事例はほとんどない。

(3)　家庭裁判所調査官の調査の在り方

ア　発令の形態・段階

(ア)　発令の形態

短期間で効率的な調査を実現するためには，調査命令もできるだけ調査事項を特定した限定的なものにする必要がある。そのため，人事訴訟規則は，家庭裁判所調査官による調査をさせるときには，事実の調査を要する事項を特定しなければならないと規定している（20条2項）。

(イ)　発令の時期

離婚訴訟では，離婚や慰謝料，親権者の指定，養育費，財産分与等が争点となる場合があるが，他の争点について整理が終わっていない段階で家庭裁判所調査官による事実の調査を実施すると，事実の調査が終了した後も争点整理（とりわけ財産分与に関する争点整理）に時間を要してしまい，子の監護の現状や子の意向・心情についての最新の情報が判決等に反映できないおそれがある。このため，東京家裁では，基本的に争点整理が概ね終了した後（ただし，財産分与等の争点整理と同時並行的に行う場合もある。），証拠調べ前に事実の調査を実施することとしている。

これに対し，子への虐待や不貞行為等のために十分な監護がされていないなどとの主張がされ，このような親権者の適格性に関する事実が争われる場合には，証拠調べを先行させる場合もあり得る。

イ　当事者等との打合せ

家庭裁判所調査官の調査は，事実の調査の方法として行われるものであり，どのような調査を行うかは，当事者の意向にかかわらず家庭裁判所が職権で決定するものである。また，その調査の方法や程度については，家庭裁判所の専門的な判断に委ねられており，当事者と協議をして定める性質のものではない。

しかし，家庭裁判所調査官の調査は，強制力を有せず，関係者の任意の協力があってはじめて

成り立ち得るものであることから，調査を円滑に実施するために，当事者と調査の日程・方法等について打合せをする必要があるため，従前は，弁論準備手続期日等の正式な期日に引き続いて，当事者等との打合せを実施していた。

しかし，当事者出頭の期日を設けようとすると，期日調整が困難な場合があり，また，書面による準備手続に付して電話会議で進行させる事件も増加していることから，近時は，弁論準備手続期日等の際には，調査命令の発令を予告し，その後，調査内容，調査方法等を裁判官，調査官，書記官とで打ち合わせ，担当調査官において調査日程等のスケジュールを立て，調査報告書の期限等を確定させた上で，裁判官又は書記官から電話にて調査命令の発令とその内容を当事者に連絡している。なお，当事者に対し，調査官調査への協力依頼や注意事項等は，裁判官又は書記官から，発令予告の際又は発令の際に伝えている。

ウ　調査項目及び調査の方法

調査事項としては，①子の監護状況（子の監護の現状が子の福祉に適うものであるかどうか），②監護態勢（監護者の変更が検討される場合など，その監護態勢が子の福祉に適うものであるかどうか），③子の意向・心情（子の意向・心情の把握），④親権者指定（原告又は被告のいずれを子の親権者として指定するのが相当か）が考えられる。子の監護の現状について調査を行う場合には，監護親の下での監護養育が子の福祉に適うものかどうかを調査するのであるが，これに加えて，例えば主たる監護者の変更があり，現状の監護状況のみを調査することでは不十分な場合など，必要に応じて非監護親の監護態勢を調査することがある。監護親による監護に重大な問題がみられる事案，夫婦が同居したまま訴訟に至っている事案，夫婦が交替で子を監護している事案など，現在の監護状況を把握するだけでは親権者の指定についての判断ができない場合もあり，そのような場合には④を調査事項として調査命令を発令することもある。

家庭裁判所調査官の行う事実の調査としては，①監護親の調査，②保育園，幼稚園，小学校等の関係機関の調査，③家庭訪問調査，④子の意向・心情調査等がある。また，東京家裁においては，⑤非監護親が別居後も定期的に子と面会交流をしているような場合は，子の状況について調査するため，非監護親についても調査を実施するのが通常である。これに対し，別居後，非監護親と子との間で実質的な交流がないような場合は，別居するまでの監護の状況や今後の監護方針等を子の監護に関する陳述書や本人尋問により確認できる場合もあるから，非監護親についても調査するかは，事案や必要性に応じて柔軟に対応している。

なお，子の意向・心情調査に当たっては，調査によって子が不安を高めたり，傷ついたりしないように（注25），子の年齢や理解力に応じて，訴訟手続及び調査，子の意向・心情等の調査結果の取扱い（原則開示であること）を子の理解を確認しつつ丁寧に説明し，調査終了時にも子に対して疑問や不安の有無を確認して，それに対応した説明をしている。

エ　当事者の立会権

家庭裁判所調査官の調査に当たって他方当事者の立会権はない。家庭裁判所調査官の調査は専

注25　子の意向・心情調査における留意点
　　子は，その意向を表明することで両親のいずれかを裏切ることになりかねず，これを避けたいといういわゆる忠誠葛藤に陥りやすいことが問題となるとされている。

門性を活かして機動的かつ柔軟に行われるものであり，そのような専門性確保の要請は当事者の手続保障の要請よりも優先するからである。そして，当事者の手続保障は，調査結果の開示によって図られるというのが法の趣旨である。

(4)　家庭裁判所調査官の調査結果の取扱い

家庭裁判所調査官は，事実の調査の結果を書面又は口頭で裁判所に報告するものとされているが（人事訴訟法34条3項，4項），実務上は，口頭のみで報告されることはなく，調査報告書という書面にまとめられる。この調査報告書は，当事者には，人事訴訟法35条2項各号に定める非開示事由がない場合には，開示されることになっている（詳しくは，**第11参照**）。家庭裁判所調査官の調査結果について意見や反論等がある場合には，親権者の指定についての主張ということで，準備書面において主張させ，反論の資料があれば，書証として提出させている。

第11　記録の閲覧等

1　記録の閲覧等の原則

(1)　民事訴訟法91条の原則

人事訴訟事件の記録の閲覧・謄写についても，民事訴訟法の規定の適用がある。

したがって，何人も訴訟記録の閲覧は可能であり，当事者及び利害関係を疎明した第三者は謄写をすることもできる（民事訴訟法91条1項，3項）。

公開を停止した口頭弁論に係る訴訟記録は，当事者及び利害関係を疎明した第三者に限って閲覧できる（同条2項）。

以上は裁判所書記官固有の事務として行われるものである。

(2)　秘密保護のための閲覧等の制限

訴訟記録中に当事者の私生活についての重大な秘密が記載され，又は記録されており，かつ，第三者が秘密記載部分の閲覧等を行うことにより，その当事者が社会生活を営むのに著しい支障を生ずるおそれがあることが疎明された場合には，裁判所は，秘密記載部分の閲覧等を請求できる者を当事者に限る旨の決定をすることができる（民事訴訟法92条1項1号）。

(3)　当事者間秘匿制度による閲覧等の制限

令和4年5月25日，民事訴訟法等の一部を改正する法律（令和4年法律第48号）により，民事関係手続において犯罪被害者等の氏名等の情報を秘匿する制度が設けられた。

同改正法の下では，申立人又はその法定代理人（以下「秘匿対象者」という。）の住所，居所その他その通常所在する場所（以下「住所等」という。）及び氏名その他当該者を特定するに足りる事項（以下「氏名等」という。）が当事者に知られることによって秘匿対象者が社会生活を営むのに著しい支障を生ずるおそれがあることにつき疎明があった場合には，申立てにより，裁判所は，当該氏名等又は住所等（以下「秘匿事項」という。）を秘匿する旨の決定をすることができる（民事訴訟法133条）。申立人は裁判所に対して秘匿事項を記載した書面（秘匿事項届出書面。同法133条2項，民事訴訟規則52条の10）を提出しなければならないが，この秘匿事項届出書面の閲覧等を請求できるのは，秘匿対象者に限られることになる（同法133条の2第1項）。

秘匿事項届出書面以外の書面において，秘匿事項又は秘匿事項を推知することができる事項（以

下「秘匿事項記載部分」という。）が記載されている場合には，別途，当事者間秘匿による閲覧等制限の申立てを行うことで，裁判所は，当該秘匿事項記載部分の閲覧等の請求ができる者を秘匿対象者に限ることができる（同法133条の2第2項）。

2　事実調査部分の閲覧等

(1)　事実調査部分の閲覧等の原則

訴訟記録中の事実調査部分の閲覧等については，裁判所書記官に対する閲覧等の請求という構成を採る民事訴訟法91条を基本として，裁判所の許可を要するという特則（人事訴訟法35条1項）が設けられた。そして，利害関係を疎明した第三者については，閲覧等の許否について裁判所の裁量判断が認められている（同条3項）一方で，当事者については，非開示事由が認められる部分以外の部分の閲覧等を許可しなければならないとされ，非開示事由が認められる部分に限っては，その閲覧等の許否について裁判所の裁量判断が認められている（同条2項）。

(2)　非開示事由

非開示事由は，人事訴訟法35条2項に次のとおり限定列挙されている。

①　未成年の子の利益を害するおそれ（1号）

②　当事者又は第三者の私生活又は業務の平穏を害するおそれ（2号）

③　当事者又は第三者の私生活についての重大な秘密が明らかにされることにより，その者が社会生活を営むのに著しい支障を生じ，又はその者の名誉を著しく害するおそれ（3号）（**注26**）

実務上，事実の調査に係る部分が非開示とされる例はほとんどないが，非開示事由に該当する具体例としては，①子が非監護親から性的虐待を受けた事実について供述したものの，逆恨みされるのが怖いので，非監護親には開示しないでほしい旨述べた場合や，②保育園の調査において，保育士から，当事者が些細な事でも頻繁にクレームをつけるなどの行為を繰り返しており，保育園の業務に重大な支障が生じるので，当該当事者の保育園での様子については非開示としてほしい旨求められた場合等が考えられる。

(3)　決定

裁判所は，当事者から申立てがあった場合においても，前記の非開示事由が認められる部分については，閲覧等の申立てを却下することができる。

注26　弁護士たる訴訟代理人のみに対する開示の可否

　　非開示事由が認められる場合に，当事者本人に開示するのは相当ではないが，弁護士たる訴訟代理人のみに開示することができるかという問題がある。少年保護事件の場合には，少年本人に調査報告書を開示することはないが，付添人弁護士には開示するということがある。これは，本人が少年であることや，付添人弁護士が審判の協力者という役割をも担っていることを考慮した運用である。しかし，人事訴訟事件の場合には，弁護士たる訴訟代理人と当事者本人との関係は私的な委任契約によって律せられるものに過ぎない。むしろ，訴訟代理人は，委任契約上，本人のために委任事務処理の報告義務を負っている。したがって，弁護士たる訴訟代理人のみに限定して開示したとしても，非開示事由に当たる事実の調査部分が当事者本人に開示されないという保障はないから，弁護士たる訴訟代理人のみに開示することはしないという取扱いである。

　事実調査部分の閲覧等を許可する裁判は，許可部分を特定して行わなければならないとされている（人事訴訟規則25条）（注27）。

(4)　即時抗告

　当事者からの事実調査部分の閲覧等の申立てを却下する裁判に対しては，即時抗告ができる（人事訴訟法35条4項）。即時抗告の期間は1週間である（民事訴訟法332条）。第三者からの閲覧等の申立てを却下する裁判に対して不服申立てはできない（人事訴訟法35条7項）。

　即時抗告が人事訴訟手続を不当に遅延させる目的でされたものと認められるときは，原裁判所は，即時抗告を却下しなければならず（同条5項），その却下決定に対しては即時抗告ができる（同条6項）。

第12　判　決

1　判決（判断の形式）

　離婚等とともに附帯処分等について同時に裁判する場合には，「判決」と「審判」という二つの形式の裁判を観念的に同時に行っているのではなく，附帯処分等は離婚請求権の存否という訴訟事項とともに一つの訴訟手続で審理されることから，終局裁判としても，あくまで一つの判断としての「判決」という形式の裁判を行っていると解される。したがって，判決のうち附帯処分等に関する部分のみに不服があった場合にも，不服申立方法は，判決に対する控訴であって，即時抗告ではなく，離婚の訴え又は附帯処分等のいずれか一方の判決部分に対してのみ上訴がされた場合には，確定遮断効のほか上級審への移審効を全部の事項について認めることになる。

　また，離婚の訴えと損害賠償請求の訴えが単純併合されて一つの判決がされ，離婚の判決部分又は損害賠償請求の判決部分のみについて上訴がされた場合にも，上訴不可分の原則により，判決の全部の事項について確定遮断効と移審効が生じることになる。

2　判決の基準時

　離婚の訴えに係る訴訟の判決の基準時は，口頭弁論終結時であり，附帯処分等についても，口頭弁論終結時を基準時として，判決により離婚の訴えと同時に判断され，言い渡されることになる。

　附帯処分等については，事実の調査が許されることから，口頭弁論終結後に提出された資料等も事実の調査によって判断の資料にできるように思われるが，附帯処分等に係る具体的な権利内容は訴訟手続の中で形成され，そのような訴訟手続において事実の調査も行われるのであるから，口頭弁論終結後に附帯処分等に関する資料が提出されても，判断の資料とすることはできず，仮

注27　閲覧・謄写票

　　当事者が事実の調査部分の閲覧・謄写を申請する場合には，閲覧・謄写票を用いることになるが，同票の「閲覧等の部分」欄において閲覧・謄写の対象を特定する必要がある。すなわち，一切の離婚請求事件記録の閲覧・謄写を求めるという申請ではなく，訴訟記録部分と事実の調査部分を分けた上，後者についても，例えば「家庭裁判所調査官作成の調査報告書」というように閲覧・謄写の対象を特定した申請をする必要がある。

に，それを判断の資料とすることによって判決の結論が変わる可能性がある場合などには，弁論の再開を要する。

　附帯処分等のうち，養育費の支払や親権者の指定については，実質的家事審判事項であるという性質から，基準時以後の事情の変更によって当該処分の内容が相当ではなくなる場合には，新たな処分を命ずる家事審判によってその内容が変更されることがある。

3　失権効

　離婚訴訟の確定判決は第三者に対してもその効力が及ぶ（人事訴訟法24条1項）。

　そして，離婚訴訟の判決が確定した後は，原告は，当該離婚訴訟において請求又は請求の原因を変更することにより主張することができた事実に基づいて再度離婚訴訟を提起することはできず，被告も，当該離婚訴訟において反訴を提起することにより主張することができた事実に基づいて離婚訴訟を提起することはできない（失権的効果。人事訴訟法25条）。

　もっとも，この失権的効果は，事実審の口頭弁論終結時までに主張することのできた事実に基づいて改めて離婚訴訟を提起することができないというものにすぎず，後日，口頭弁論終結後の事由も追加して，改めて離婚請求をすることは妨げられない。

第13　和　解

1　訴訟上の和解の位置付け

　人事訴訟法は，離婚の訴えに係る訴訟について訴訟上の和解を認めた（37条）。したがって，「原告と被告は離婚する。」旨の和解条項による訴訟上の和解が成立し，調書に記載されると，直ちに実体法上離婚の効果が生じ，当事者による戸籍の届出も報告的届出となる。

　旧人事訴訟手続法の下では，訴訟上の和解による離婚は許されないと解されていたことから，当事者間に離婚する旨の合意が形成されたときには，「原告と被告は協議離婚することを合意し，協議離婚届を提出する。」旨の訴訟上の和解を成立させるなどの方法が採られていた。しかし，協議離婚をする旨の訴訟上の和解が成立した場合に，和解成立後に和解内容に基づき協議離婚届出用紙に署名押印を求めたものの，これを拒まれたり，署名押印はしたものの，不受理の申出（戸籍法27条の2第3項）などをされたりすると，上記和解により離婚をすることができず，改めて離婚訴訟を提起せざるを得なくなるという問題が生じ得る。人事訴訟法の下でも，協議離婚をする旨の訴訟上の和解ができなくなるわけではないが，この方法による和解を成立させるのは，当事者が，上記のような問題が生じ得ることを認識した上で，戸籍の記載などの観点からそれでもなおこの方法によることを選択した場合に限るのが相当である。

2　和解条項

　典型的な和解条項の例とその留意点については**資料16**に記載のとおりである。

3　和解と当事者の出頭

　訴訟上の和解による離婚の性質は，訴訟を終了させる訴訟上の合意であるとともに，実体法上

の婚姻関係の解消に係る私法上の合意を裁判所の面前で行うという性質を併せ有するものと解されており，離婚する旨の和解によって実体法上離婚の効果が直ちに発生する。

訴訟上の和解による離婚について，和解条項案の書面による受諾（民事訴訟法264条）や裁判所等が定める和解条項（同法265条）の規定が適用されず（人事訴訟法37条2項），電話会議を用いた弁論準備手続期日における和解の規定（民事訴訟法170条3項）も適用されない（人事訴訟法37条3項）のは，訴訟上の和解による離婚が身分行為そのものであるともいうべきものであって，和解成立時の当事者の離婚意思を慎重に確認することが求められているからであると解されている。

和解成立時の当事者の離婚意思を確認するための方法として最も確実なのは，出頭した本人に対する意思確認であることから，訴訟上の和解として離婚を成立させる場合には，本人の出頭を求めるのが一般的であった。しかし，訴訟上の和解として離婚を成立させる場合に本人の出頭を要する旨を定めた規定は見当たらないし，離婚訴訟では，一方当事者が遠隔地に居住している場合や諸般の事情により当事者が和解成立予定の期日に出頭できない場合も少なくないことから，訴訟上の和解による離婚に必ず当事者の出頭を要するとすると，かえって当事者双方が離婚の意思を固めているのに適時に離婚を成立させることができないという事態を招きかねない。そこで，東京家裁では，現在，①出頭しない本人については選任された訴訟代理人が現実に出頭し，②和解内容が当事者本人の意思に基づくことが従前の手続経過，出頭状況，当日の電話等による意思確認により明らかであると認められ，③出頭当事者及び訴訟代理人に異議がなく，④相当と認める場合には，本人の出頭がなくとも訴訟上の和解による離婚を成立させる運用を採用している（注28）。

他方で，本人の出頭が困難であるが，上記①ないし④の要件を充たさないという場合（例えば，出頭しない本人について選任された訴訟代理人も遠隔地にいて出頭困難といった事例が考えられる。）には，下記4の調停に代わる審判などの他の方法を検討することになる。

なお，双方の本人が出頭している場合に，当事者の離婚意思の確認のために必ずしも相手方当事者の面前での条項確認を要するとは解されないから，一方の本人から相手方本人との対面を避けたいとの申出があり，相当と認めるときには，原告本人・被告本人を別々に呼び入れ，同一内容の和解条項を個別に確認することもある。

4 調停に代わる審判

当事者間で合意による解決の内容について協議が調ったが，一方当事者の出頭が困難で和解によることができない場合などには，事件を職権で調停に付した上で，調停に代わる審判（家事事件手続法284条）をすることがある。

訴訟上の和解離婚と，調停に代わる審判では，①調停に代わる審判の場合，付調停の決定をした上で，調停事件としての立件が必要であること，②訴訟上の和解離婚は，和解当日に離婚が成

注28 近時の実情について
　東京家裁における近時の実情については，村松多香子「身分関係の変動を伴う調停成立時における本人出頭原則について」甲斐哲彦編『家庭裁判所の家事実務と理論』361頁（日本加除出版，2021）も参照。

立する上，合意によるから，「原告と被告は，被告の申出により，本日，和解離婚する」との条項も可能であるが，調停に代わる審判はあくまで審判であり，離婚成立は審判確定日となるから，離婚条項については「申立人（原告を指す。）と相手方（被告を指す。）とを離婚する」とするしかないこと，履行期は「確定日から〇日以内」などとする方が無難であること，費用負担条項は「手続費用は各自の負担とする」となることなど，条項の定め方が一部異なる場合が生ずる可能性がある点に注意を要する。もっとも，調停に代わる審判の主文の場合も，法定の判断事項に限定されず，必要に応じて確認条項，紳士条項，清算条項を入れることができるし，命令条項とするか合意条項とするかも事案に応じて裁判官が選択でき，後者であっても債務名義となるなど，実情に応じた柔軟な解決を図ることができる点で和解に近い利点がある（東京家事事件研究会編『家事事件・人事訴訟事件の実務』271頁〔法曹会，2015〕）。

第14　その他の手続

1　訴えの取下げ

　訴えの取下げは，訴えによる審判要求を撤回する旨の裁判所に対する意思表示であるが，被告が本案について準備書面を提出し，弁論準備手続において申述をし，又は口頭弁論をした後にあっては，被告の同意がなければ取下げの効果は生じない（民事訴訟法261条2項本文）。

　なお，附帯処分の申立てについては，第4の4(2)で述べたとおり，相手方の同意がなくても，取下げをすることができる。

2　請求の放棄及び認諾

　人事訴訟法制定以前は，請求の放棄は認められていたものの（最判平6.2.10民集48巻2号388頁，家月47巻2号145頁，判タ858号127頁），請求の認諾は認められていなかったが，人事訴訟法の制定に伴い，離婚・離縁の訴えについては請求の認諾も可能となった（人事訴訟法37条1項，44条）。

　請求の放棄は，訴訟物たる権利関係の主張についてそれを維持する意思のないことを，口頭弁論期日，弁論準備手続期日又は和解の期日（以下「口頭弁論等の期日」という。）において裁判所に対して陳述する行為であり，これが調書に記載されると，確定判決と同様の効果が生じ（民事訴訟法267条），判決の場合と同様の失権的効果（人事訴訟法25条）も生ずる。他方，請求の認諾は，訴訟物たる権利関係に関する原告の主張を認める旨を口頭弁論等の期日において裁判所に対して陳述する行為であり，これが調書に記載されると，確定判決と同様の効果が生じ（民事訴訟法267条），直ちに離婚の効果が発生する。ただし，離婚の性質上，①請求の認諾ができるのは親権者の指定及び附帯処分の裁判を要しない場合に限られるほか（人事訴訟法37条1項ただし書），②請求を認諾する旨の書面を提出した者が口頭弁論等の期日に出頭しない場合には，その書面を陳述したものとみなすことはできず（人事訴訟法37条1項本文，民事訴訟法266条1項），③電話会議を用いた弁論準備手続期日における請求の認諾もできない（人事訴訟法37条3項，民事訴訟法170条3項）。

3　当事者の死亡

　離婚訴訟の場合，当事者の一方が死亡した場合には，当該訴訟は当然に終了し，相続人は受継

しない（人事訴訟法27条）。

4　判決によらない婚姻終了の場合の附帯処分等の裁判

　従来，離婚等とともに申し立てられた附帯処分等については，前提となる離婚等の訴訟係属が失われると，その存立の基礎を失って，当該申立ては不適法として却下されていた（最判昭58.2.3民集37巻1号45頁，家月35巻10号47頁，判タ490号62頁）。しかし，そのような処理は，当事者の通常の意思に反するばかりか，改めて附帯処分等に係る家事審判の申立てをすることを求めることは，人事訴訟事件の職分管轄が家庭裁判所に移管された状況の下では合理性もない。そこで，和解等（離婚訴訟の係属中に当事者間で協議離婚がされることもある。）により婚姻が判決によらないで終了した場合においても，新たに家事審判の申立てを要するものではなく，引き続き附帯処分について審理・判断されるものとされた（人事訴訟法36条）。

5　履行の確保

　人事訴訟法は，附帯処分等についての裁判で定められた義務について，家事審判・調停の場合と同様に履行の確保の規定を設けている（38条，39条）。これは，附帯処分等について定められた義務は，判決で定められたものであっても，その性質は実質的な家事審判事項であるから，家事審判・調停で定められたものと同様の履行の確保の手段を保障する趣旨である。なお，人事訴訟法が定める履行の確保の規定の対象は，同法32条1項又は同条2項の規定による裁判で定めることができる義務（財産分与や養育費等）に限られており，いわゆる解決金や損害賠償金については対象となっていないことに留意が必要である。

　なお，養育費に係る定期金債権を請求する場合については，①定期金債権の一部が不履行となっているときは，期限到来前の定期金債権についても一括して給料その他継続的給付に係る債権に対する差押えをすることが認められ（民事執行法151条の2），②給料債権等についての差押えが禁止される範囲がその支払期に受けるべき給付の4分の3に相当する部分から2分の1に相当する部分に減縮され（同法152条3項），③間接強制による強制執行が可能とされている（同法167条の15）。さらに，令和元年の民事執行法の改正により，養育費に係る定期金債権を請求する場合に，先に実施した強制執行の不奏功，財産開示手続の前置等の要件が満たされたときには，債務者の給与債権に係る情報の取得の手続を申し立てることが可能となった（同法206条）。

第15　離婚請求事件以外の事件

　次に，離婚請求事件以外の事件の留意点について簡単に説明する。一般的注意事項としては，事物管轄（人事訴訟法4条），土地管轄（同），原告適格，被告適格（同法12条），訴訟能力（同法13条），調停前置主義とその例外（家事事件手続法257条），請求の趣旨及び原因，出訴期間の制限，訴訟要件（確認の利益等），和解の適用除外（人事訴訟法19条2項），訴訟手続の中断と受継の特則（同法26条），当事者の死亡による終了（同法27条）といった実体法上・手続法上の留意点について，各類型毎に確認・検討する必要がある。

　より詳細な留意点等については，東京家裁人事訴訟研究会編『書式　人事訴訟の実務』（民事法

研究会，2013）等を参照されたい。

1　婚姻関係事件

　婚姻取消しの訴えにおいて，取消しの対象となった婚姻によって出生した未成年の子がいる場合は，裁判所は，婚姻の取消しと同時に，当該未成年者について親権者を指定しなければならない（人事訴訟法32条3項，民法749条，819条2項）。判決の主文でこれをしなかった場合は，裁判の脱漏となり（民事訴訟法258条），当該判決をした裁判所は職権で追加判決をすべきことになる。

2　実親子関係事件

　民法772条により嫡出の推定を受ける子について，夫が自らの子であることを否認する方法は，嫡出否認の訴えに限定されている（民法774条，775条）。したがって，嫡出の推定を受ける子について，親子関係不存在確認の訴えをもって父子関係の存否を争うことは許されない。ところが，嫡出否認の訴えについては，身分関係の法的安定を保持する見地から，1年の出訴期間が定められていることから（民法777条，人事訴訟法41条），嫡出の推定を受ける子について，嫡出否認の訴えの出訴期間を経過した後になって，夫が自らの子であることを否認するために，親子関係不存在確認の訴えが提起されることがある。しかし，判例（最判平26.7.17民集68巻6号547頁，判タ1406号59頁）は，夫と子との間に生物学上の父子関係が認められないことが科学的証拠により明らかであり，かつ，夫と妻が既に離婚して別居し，子が親権者である妻の下で監護されているという事情があったとしても，子の身分関係の法的安定を保持する必要が当然になくなるものではないから，民法772条の規定による嫡出の推定が及ばなくなるものとはいえず，親子関係不存在確認の訴えをもって父子関係の存否を争うことはできないとしている。嫡出の推定を受ける子について親子関係不存在確認の訴えを提起した夫から，子との間に生物学上の父子関係が認められないことを立証するためにDNA鑑定の嘱託の申立てがされることがあるが，上記判例が判示するところに照らすと，そうした事案においてDNA鑑定の嘱託を採用することが相当とされることはまずないと考えられる。もっとも，判例（最判平12.3.14裁判集民事197号375頁，家月52巻9号85頁，判タ1028号164頁，前掲最判平26.7.17）も，民法772条2項所定の期間内に妻が出産した子について，妻がその子を懐胎すべき時期に，既に夫婦が事実上の離婚をして夫婦の実態が失われ，又は遠隔地に居住して，夫婦間に性的関係を持つ機会がなかったことが明らかであるなどの事情が存在する場合には，上記子は実質的には同条の規定による推定を受けない嫡出子に当たるということができるから，同法774条以下の規定にかかわらず，親子関係不存在確認の訴えをもって夫と上記子との間の父子関係の存否を争うことができるとしている。したがって，上記のような事情が立証されたときには，夫と子との間に生物学上の父子関係が認められないことを立証するためのDNA鑑定の嘱託が必要となる場合もあり得る（なお，上記のような事情の立証のためにDNA鑑定の嘱託を採用することは相当ではない。）。

　このほか，判例（最判平2.7.19裁判集民事160号271頁，家月43巻4号33頁，判タ739号76頁）は，認知の訴えによるべきところを実親子関係の存否の確認の訴えをもって代用することは許されないとしている。

　嫡出否認の訴え，認知の訴え等においては，親子関係の存否について，DNA鑑定の嘱託の申立

てがされることが多い。これについて，東京家裁では，DNA鑑定の嘱託の必要性が認められる場合には，費用の予納をさせた上，一定の民間の鑑定機関に嘱託している。その結果，親子関係の存在が明らかになった場合には，当事者に対し，調停に付した上で家事事件手続法277条に基づく合意に相当する審判を行うか，訴訟外で任意認知するか，判決によるのかについて，その意向を確認している。

3　養子縁組関係事件

養子縁組関係事件については，訴え提起に当たって原告及び被告適格に特に留意する必要がある。詳しくは，東京家裁人事訴訟研究会編『書式　人事訴訟の実務』193頁以下（民事法研究会，2013）を参照されたい。

なお，離縁の訴えについては，民法814条1項各号の離縁事由を具体的に主張する必要があり，特に同項3号（縁組を継続し難い重大な事由）を離縁事由とする場合には，養子縁組時から訴え提起時までの経緯を漫然と主張するのではなく，縁組関係の破綻に近接する重大な事由を具体的に主張するのが相当である。

また，養子縁組無効の訴えについては，当事者の一方又は双方に縁組意思がなかったとする事情等を具体的に主張する必要がある。特に，当事者の一方につき，縁組当時に成年後見が開始されていたから縁組意思がなかったというだけの主張がされることもあるが，成年被後見人であっても成年後見人の同意なく縁組をすることができるとされていること（民法799条，738条）に照らし，縁組当時に成年後見が開始されていたことのみによって直ちに縁組意思が否定されるわけではないので，原告には十分な主張立証が求められる。

第16　渉外事件の特則

1　総　論

渉外人事訴訟事件とは，当事者の一方又は双方の国籍，住居所，婚姻挙行地等の身分的法律関係を構成する諸要素の少なくとも一つが外国に関係を有する人事訴訟事件をいう。渉外人事訴訟事件の審理には，国際裁判管轄権と準拠法の知識が必要となる。

渉外人事訴訟事件の訴えを提起する原告には，国際裁判管轄と準拠法についての調査・検討をした上で，訴状にこれを記載し，必要に応じてその根拠となる文献等を書証として提出することが強く望まれる。

2　国際裁判管轄権

(1)　渉外人事訴訟事件の場合には，まず，日本の裁判所に国際裁判管轄権が認められるかどうかが問題となる。

人事訴訟の国際裁判管轄権については，従来は明文の規定がなく，裁判実務は「当事者間の公平や裁判の適正・迅速の理念により条理に従って決定するのが相当である。」という判例法理（最判平8.6.24民集50巻7号1451頁，家月48巻11号53頁，判タ920号141頁）に従って日本の裁判所に国際裁判管轄権が認められるかどうかを判断していたが，人事訴訟法等の一部を改正する法律（平

成30年法律第20号）により，人事訴訟法に国際裁判管轄の規律が設けられ，平成31年4月1日から施行されている。

（2）　人事訴訟のうち，日本の裁判所に管轄権が認められるのは，次のいずれかに該当するものである（人事訴訟法3条の2）。

ア　身分関係の当事者の一方に対する訴えであって，当該当事者の住所（住所がない場合又は住所が知れない場合には，居所）が日本国内にあるとき（1号）

イ　身分関係の当事者の双方に対する訴えであって，その一方又は双方の住所（住所がない場合又は住所が知れない場合には，居所）が日本国内にあるとき（2号）

ウ　身分関係の当事者の一方からの訴えであって，他の一方がその死亡の時に日本国内に住所を有していたとき（3号）

エ　身分関係の当事者の双方が死亡し，その一方又は双方がその死亡の時に日本国内に住所を有していたとき（4号）

オ　身分関係の当事者の双方が日本の国籍を有するとき（その一方又は双方がその死亡の時に日本の国籍を有していたときを含む。）（5号）

カ　日本国内に住所がある身分関係の当事者の一方からの訴えであって，当該身分関係の当事者が最後の共通の住所を日本国内に有していたとき（6号）

キ　日本国内に住所がある身分関係の当事者の一方からの訴えであって，他の一方が行方不明であるとき，他の一方の住所がある国においてされた当該訴えに係る身分関係と同一の身分関係についての訴えに係る確定した判決が日本国で効力を有しないときその他の日本の裁判所が審理及び裁判をすることが当事者間の衡平を図り，又は適正かつ迅速な審理の実現を確保することとなる特別の事情があると認められるとき（7号）

もっとも，人事訴訟について日本の裁判所が管轄権を有することとなる場合においても，裁判所は，事案の性質，応訴による被告の負担の程度，証拠の所在地，当該訴えに係る身分関係の当事者間の成年に達しない子の利益その他の事情を考慮して，日本の裁判所が審理及び裁判をすることが当事者間の衡平を害し，又は適正かつ迅速な審理の実現を妨げることとなる特別の事情があると認めるときは，その訴えの全部又は一部を却下することができる（人事訴訟法3条の5）。

なお，離婚訴訟について日本の裁判所が管轄権を有する場合には，当該夫婦間の関連損害賠償請求及び子の監護に関する附帯処分についても日本の裁判所が管轄権を有するとされている（人事訴訟法3条の3，3条の4第1項）（**注29**）。

（3）　人事訴訟の国際裁判管轄権について注意を要するのは，原告の住所が日本国内にあるというだけでは，当然には日本の裁判所に管轄権を認めることはできないということである。また，家事事件手続法が定める日本の裁判所が家事調停事件について管轄権を有する場合と人事訴訟法

注29　附帯処分の国際裁判管轄の留意点等

　　他方，離婚訴訟について日本の裁判所が管轄権を有する場合であっても，財産分与の附帯処分については，財産分与に関する処分の審判事件の管轄原因があるときでなければ，日本の裁判所は管轄権を有しないとされている（人事訴訟法3条の4第2項）。また，年金分割の附帯処分については，人事訴訟法等の一部を改正する法律（平成30年法律第20号）によっても，国際裁判管轄権に関する明文の規定は設けられなかった。

が定める日本の裁判所が人事訴訟について管轄権を有する場合とでは異なる規律が採用されていることから，人事訴訟に前置される調停事件が日本の裁判所に係属していたというだけでは，当然には日本の裁判所に人事訴訟の管轄権を認めることはできない。

その上で，日本国内に住所がある原告が提起した渉外人事訴訟事件については，人事訴訟法3条の2第7号の「日本の裁判所が審理及び裁判をすることが当事者間の衡平を図り，又は適正かつ迅速な審理の実現を確保することとなる特別の事情」の有無が問題となることが少なくない。同号の「特別の事情」の有無は，日本国内に住所がある身分関係の当事者の一方からの訴えに対し他の一方が日本の裁判所において応訴を余儀なくされることによる不利益に配慮すべきことはもちろん，日本国内に住所がある身分関係の当事者の一方が他の一方の住所がある国に訴えを提起することにつき法律上又は事実上の障害があるかどうか及びその程度を考慮して，日本国内に住所がある身分関係の当事者の一方の権利の保護に欠けることのないよう留意して認定・判断されなければならないと解されているところ（前掲最判平8.6.24参照），同号が例示する「他の一方が行方不明であるとき」又は「他の一方の住所がある国においてされた当該訴えに係る身分関係と同一の身分関係についての訴えに係る確定した判決が日本国で効力を有しないとき」に該当する場合のほか，例えば，日本の国籍を有する身分関係の当事者の一方が外国において日本の国籍を有しない他の一方と共通の住所を有していたものの，他の一方からの暴力ないし虐待から逃れるためにやむを得ず日本に帰国した場合などにも，同号の「特別の事情」があると認められることがあり得ると考えられる（注30）。

3　準拠法

渉外事件の準拠法については，法の適用に関する通則法（平成18年法律第78号。以下「通則法」という。）や，扶養義務の準拠法に関する法律（昭和61年法律第84号。以下「扶養準拠法」という。）で規律されている。

(1)　離婚の準拠法

離婚の準拠法については，①夫婦の本国法が同一であるときはその法により，②その法がない場合においては，夫婦の常居所地法が同一であるときはその法により，③そのいずれの法もないときは，夫婦に最も密接な関係がある地の法によるとされている（通則法27条本文，25条）。ただし，④夫婦の一方が日本に常居所を有する日本人であるときは，日本法が準拠法となる（通則法27条ただし書）。

したがって，例えば，①同じ国籍の夫婦の離婚の場合は，当該国の法が準拠法となり，②異なる国籍の夫婦であるが，夫婦の常居所地がいずれも日本にある場合は日本法が準拠法となり，③

注30　人事訴訟法3条の2第7号の「特別の事情」

なお，この場合に，人事訴訟法3条の2第7号の「特別の事情」があると認められるためには，日本の国籍を有する身分関係の当事者の一方が外国において日本の国籍を有しない他の一方と共通の住所を有していたものの，他の一方からの暴力ないし虐待から逃れるためにやむを得ず日本に帰国した旨を主張するだけでは足りず，その裏付けとなる資料の提出が必要となることはいうまでもない（高田裕成ほか「［座談会］渉外的な人事訴訟・家事事件にかかる手続法制」論究ジュリスト27号12頁〔大谷美紀子発言〕参照）。

異なる国籍の夫婦で，常居所地も同一でないが，夫婦にとって最も密接な関係がある地が日本であれば日本法が準拠法となる。また，④夫婦の一方が日本に常居所地を有する日本人であるときは，上記②，③にかかわらず，日本法が準拠法になる。

(2)　親権者の指定の準拠法

親子間の法律関係は，①子の本国法が父又は母の本国法（父母の一方が死亡し，又は知れない場合にあっては，他の一方の本国法）と同一である場合には子の本国法により，②その他の場合には子の常居所地法によるとされている（通則法32条）。

したがって，例えば，子と父が日本人で，母が韓国人の場合は，日本法が適用される。

また，親権者の指定は，未成年の子についてなされるものであるところ，未成年者か否かについては，子の本国法によって決まる（通則法4条1項）。この点，成人年齢は世界各国で異なる上に，準拠法となる国の法律上，離婚後も共同親権制度が採用され，離婚後の親権者を指定する必要がない場合もあるので注意を要する。なお，未成年の子が二重国籍の場合があるが，日本国籍を有している場合には，日本法が本国法となる（通則法38条1項）。

(3)　養育費の準拠法

養育費の準拠法は，①まずは扶養権利者の常居所地法によるとされ，②扶養権利者の常居所地法によればその者が扶養義務者から扶養を受けることができないときは，当事者の共通本国法により，③これによっても扶養権利者が扶養義務者から扶養を受けることができないときは，日本法によるとされており（扶養準拠法2条），極力扶養権利者が扶養を受けられるように配慮されている。

(4)　離婚に伴う慰謝料の準拠法

離婚訴訟において請求される慰謝料は，①離婚そのものによる慰謝料（離婚自体慰謝料）と，②個々の不法行為を原因とする慰謝料（離婚原因慰謝料）がある。このうち，①の離婚自体慰謝料は，離婚と不可分のものなので，離婚についての準拠法である通則法27条が適用されるとの説が通説的見解とされており（最判昭59.7.20民集38巻8号1051頁，家月37巻5号45頁，判タ539号323頁，最判解説民事篇昭和59年度358頁参照），その準拠法は上記(1)のとおりとなる。これに対し，②の離婚原因慰謝料は，不法行為について規律した通則法17条によるとする説が通則であり，加害行為の結果が発生した地の法が準拠法となる（ただし，その地における結果の発生が通常予見することができないものであったときは，加害行為が行われた地の法が準拠法となる。通則法17条ただし書）。

(5)　財産分与の準拠法

財産分与請求権は，離婚に伴って発生するものであるので，準拠法は，離婚の場合と同様，通則法27条(上記(1))によって規律される。

(6)　年金分割の準拠法

年金分割は，日本の社会保障に関するものなので，当事者の国籍等にかかわらず，日本法が適用される。

(7)　婚姻無効・取消しの準拠法

婚姻無効確認や婚姻取消しは，婚姻に関する問題として，通則法24条，25条による。もっとも，無効原因・取消原因等の瑕疵の内容が一面的（一方的婚姻障碍）か相手方との関係でも問題となると解される双面的（双方的婚姻障碍）かの区別が問題となる。重婚禁止は双面的又は双方的婚

姻障碍とされている。

　また，双面的又は双方的婚姻障碍については，「厳格法の原則」が妥当するから，当事者の一方の本国法が取り消すべきものと定めている場合であっても，他方の本国法が無効と定めている場合には，婚姻は無効になる。

(8)　親子関係存否確認の準拠法

　渉外親子関係の成立の判断方法については，まず，嫡出親子関係の成立についてその準拠法を適用し，嫡出親子関係が否定された場合には，嫡出以外の親子関係の成立についてその準拠法を適用して行うものとされている（最判平12.1.27民集54巻1号1頁，家月52巻6号39頁，判タ1024号172頁）。

(9)　手続法

　国際私法上，「手続は法廷地法による」との原則が妥当するので，実体法上の準拠法が外国法となった場合でも，手続法としては，日本法が適用される。

4　審理における留意点

(1)　日本語能力に対する配慮

　渉外離婚事件は，当事者の一方又は双方が外国人であるため，日本語能力が十分でない当事者もいる。訴状等については，国際司法共助によって外国送達をする場合を除き，翻訳文を添付する必要はない。被告が十分な日本語能力を有しない場合には，訴状等の全部又は一部について翻訳文等を添付することが望ましいとも考えられるが，東京家裁においては，原告から自発的に訴状等の全部又は一部について翻訳文が提出された場合は格別，裁判所から原告に対し翻訳文を提出するよう求めることはしていない。

　また，当事者が十分な日本語能力がない場合には，本人尋問の際に，通訳人を付す必要がある。

(2)　その他留意点

　準拠法が外国法の場合，各国ごとの制度に留意した審理が必要となる（なお，協議離婚が認められていない国の法律が準拠法となる場合において，調停離婚や訴訟上の和解離婚ができるかが問題となるが，調停離婚及び和解離婚は，いずれも離婚の相当性について裁判所の公的判断がされている裁判離婚の一種であると解し，これを認めるのが一般である。また，我が国における調停離婚や和解離婚が当事者の母国で承認されることが望ましいことから，調停調書や和解調書の末尾に，調停離婚や和解離婚が確定判決と同一の効力を有する旨を付記する例もある。）。

　また，準拠法が改正されている場合もあるので，審理に当たっては，法改正の有無も含め，準拠法について細心の注意を払う必要がある。

第17　今後のあるべき離婚訴訟手続

1　はじめに

　人事訴訟の平均審理期間は，ほぼ一貫して長期化傾向にあり，令和3年の平均審理期間は13.8か月と，約10年前の平成21年に比べ，3.3か月増加しており，人事訴訟の約9割を占める離婚訴訟の審理期間が長期化していることを示している（統計については裁判所のウェブサイト参照）。

　長期化の原因としては，例えば，財産分与の申立てがある離婚事件については，対象財産に係る資料を保有する側において，感情的反発等の理由からその提出を拒否するために，反対当事者が多数の調査嘱託の申立てを行ったり，基準時の前後における預金の無断引出し等に関し，当事者が対立したりするなど，資料収集をめぐって審理が難航しがちであったり，必ずしも事案の結論とは結び付かない周辺事情についてまで主張の応酬が繰り返されること等が指摘されている（原因の一因については，「第9回裁判の迅速化に係る検証に関する報告書」188頁以下参照）。審理の長期化は，裁判所が紛争解決機関として期待されている役割を果たすことができないだけでなく，当事者側としても，離婚までの見通しが立たないことや，特に子がある事案では子の生活環境等が不安定な時期が続くことなどから，審理の長期化に対する対応が必要であると考えられ，現在，様々な運営モデルが考察され，実践されつつある。

2　判決書を見据えた審理について

　離婚判決の主文の内容は，離婚，親権者の指定，養育費，財産分与，年金分割に関するものがほとんどであって，判決の結論を導き出すのに必要な争点や主張を裏付ける証拠もまた，ある程度類型化している。このような観点から，過不足ない判決書を作成するために，必要な争点や主張を裏付ける証拠をいわば逆算することは比較的容易であると思われ，裁判官としては，説得的な判決書を作成するために何が必要な主張立証であるかを意識した訴訟運営をすることが必要であり，家事第6部の裁判官もそのような意識を持って弁論に臨んでいる。なお，判決書の記載方法等については，近時，議論がされており（司法研修所編『民事第一審訴訟における判決書に関する研究』〔法曹会，2022〕），判決書の簡略化が審理の促進に繋がる効果をもたらすことが期待できる。

3　周辺事情に係る主張の応酬について

　離婚訴訟は，別居に至る経緯などをめぐる事実認識が当事者双方で大きく異なるなど，主張の対立が激しく，事案の結論に結び付かない周辺事情に係る主張の応酬が繰り返されることが多い訴訟類型であり，その主張の応酬が審理期間の長期化の一つの要因といわれる。離婚訴訟の審理において重要なのは，夫婦関係の実態を示しあるいは有責性の根拠となる客観的証拠であり，準備書面に記載された周辺事情についての認否はそれほど重要でないことが多い。このような観点から，離婚原因についての準備書面の往復は原則として2往復にしてもらう，離婚原因等に係る客観的証拠はできるだけ早期に提出してもらう，このような審理計画について，当事者双方が出頭した最初の口頭弁論期日で説明する運用が考えられる（橋詰英輔「離婚訴訟の計画的・迅速な審理に向けた一考察」甲斐哲彦編『家庭裁判所の家事実務と理論』230頁〔日本加除出版，2021〕参照）。このような運用は，家事第6部全体の運用であるとまではいえないものの，多くの裁判官が問題意識を持った実務運用をしているところである。

　もっとも，当事者の中には，背景事情について是非裁判官に知ってほしいとか，破綻に至った原因は日常生活の積み重ねによるから，そのような積み重ねを裁判官に伝えたいとの強いニーズがある場合もある。このような場合には，当事者双方から，裁判官に伝えたい事情を記載した陳述書の提出をお願いすることが考えられる。

4　審理モデルと弁護士会との連携について

　上記のとおり，離婚判決の結論を導き出すのに必要な争点や主張を裏付ける証拠はある程度類型化していることから，審理の長期化に対応するためには，審理モデルを作成し，弁護士との間で共有して計画的な審理を行うことが有為的であるが，審理モデルの作成は，ひとり裁判所のみで行うことができるものでなく，弁護士会との不断の協議によって達成し得るものである。家事第6部としては，今後とも弁護士会との不断の協議を通じて「あるべき離婚訴訟手続」についての審理モデルを作成し，弁護士との間でこれを共有しつつ審理を行いたいと考えている。

5　人事訴訟事件のデジタル化

　民事訴訟法等の一部を改正する法律（令和4年法律第48号）により，人事訴訟においても，当事者双方がウェブ会議又は電話会議により，①弁論準備手続期日並びに②離婚及び離縁の訴えに係る和解期日（ただし，成立を除く。）に参加することができるようになった（遠隔地要件も削除。①について民事訴訟法170条3項，②について同法89条2項，3項。いずれも令和5年3月1日から施行）。

　また，ウェブ会議（電話会議は不可）による口頭弁論期日の実施が可能となる（同法87条の2）。施行日は，民事訴訟での施行日（公布の日から起算して2年を超えない範囲内において政令で定める日）から起算して1年6月を超えない範囲内において政令で定める日である（附則4条）。

　さらに，ウェブ会議（電話会議は不可）による離婚及び離縁に関する和解成立及び請求の認諾が可能となる（人事訴訟法37条4項〔同法44条で離縁に準用〕）。施行日は，公布の日から起算して3年を超えない範囲内において政令で定める日である（附則1条5号）。

　これらの規律の施行に向けて，人事訴訟事件においても，ウェブ会議等を用いた争点整理手続の運用の導入への期待が高まっている。人事訴訟のデジタル化により，審理運営の在り方も変容することが想定される。人事訴訟事件のデジタル化が離婚訴訟の審理の促進に繋がる効果をもたらすことが期待されるところであるが，上記審理モデルを検討するに当たっても，ウェブ会議等をいかに活用するかという視点を持った検討を続けたい。

第2章 人事訴訟事件における書記官事務

　東京家庭裁判所の人事訴訟事件の専門部である家事第6部における書記官事務については，令和5年3月現在において，次のようなやり方で処理されているので，紹介する。東京家裁では，人事訴訟事件については，人訴部発足当初は家事第6部において受付をしていたが，平成23年4月1日以降，他の事件と同様に訟廷の受付において処理している。ただし，反訴，関連損害賠償事件は，立件の際に基本事件に照らして内容を確認する必要があることから，引き続き家事第6部において受付をしている。また，第1章と重複している部分があることは前述のとおりである。

第1　受付・訴状審査について

1　管　轄

人事訴訟の管轄は，専属管轄であるから，審査は厳格にしている。

例えば，被告の普通裁判籍が東京都内になく，原告の普通裁判籍が東京都内にあるとして管轄を主張する場合，住民票や戸籍の附票を提出させることがある。また，被告の所在が不明で，公示送達となる事案については，さらに親族照会（第2の2参照）をするなどして最後の住所を認定している。

従前は，住民基本台帳事務における支援措置が実施されていたり，配偶者からの暴力の防止及び被害者の保護等に関する法律（以下「配偶者暴力防止法」という。）に基づく保護命令が発令されていたりすることなどを理由に，原告の住所について相手方当事者等への秘匿を希望する場合には，原告の住所を秘匿した上で（あるいは，現在居住していない住所地を便宜的に記載した上で），原告が東京都内に居住していることを示す資料を提出することにより，東京家裁が管轄を有することを確認する運用がなされていた。しかし，令和4年の民事訴訟法の改正により，こうした場合には秘匿申立て（同法133条）を利用できるようになったことから，同改正法施行後は，同制度を利用することにより，原告住所を相手方当事者等に秘匿した上で，東京家裁に管轄があることを認定することが可能となる。

未成年者の子がある場合には，人事訴訟法31条の趣旨に留意する必要がある。

2　自庁処理

専属管轄の例外であるから，要件を厳しく審査している。

調停が東京家裁で行われたことのみを理由とする場合（調停の場合には，合意管轄が可能であるが，人事訴訟の管轄は，専属管轄であり，合意管轄は認められない。）や訴訟代理人である弁護士の事務所が東京都内にあることのみを理由とする場合には，自庁処理を認めていない。この場合には，原則どおり管轄裁判所へ移送する扱いとしている。

なお，配偶者暴力防止法に基づく保護命令等が発せられて警備の必要性が高いことを理由に，東京家裁での審理を希望することは自庁処理をする理由とは認めておらず，原則どおり移送することになる。

3　訴え提起手数料

離婚事件の場合には，金銭の請求であっても，請求原因事実が慰謝料であるか，財産分与であるかによって算定が異なるので，注意を要する。

離婚事件の基本的な計算方法は次のとおりである。

なお，調停不成立等の通知を受けてから2週間以内に調停の申立人が原告として訴えを提起した場合には，調停の際に納付した手数料に相当する額は納付したものとみなされるので，事件終了証明書（原本）の事件名が「夫婦関係調整」であれば，調停申立て時に納付した1200円分が控除されることになる（民事訴訟費用法5条1項）。

(1)　身分関係の変動のみを求める場合

　訴額は160万円とみなされるので，印紙額は1万3000円である。離婚事件における親権者の指定及びこれに伴って子の引渡しを求める場合については別途手数料を要しない。

(2)　慰謝料請求を伴う場合

　離婚請求額（160万円）と慰謝料額を比較して，多額の一方による。

　慰謝料額が160万円まで

　　……離婚の訴額は算定不能（160万円）なので印紙額は1万3000円

　慰謝料額が160万円を超える場合

　　……慰謝料請求と離婚請求は，慰謝料額による。

(3)　養育費の請求，面会交流の申立て

　子1人につき，一律1200円を加算する。

(4)　財産分与

　請求金額にかかわらず，一律1200円を加算する。

(5)　年金分割

　情報通知書1通につき，1200円を加算する。

(6)　反訴の場合

　反訴として，離婚，慰謝料500万円，養育費（子2人），財産分与を請求する場合（本訴は，離婚，慰謝料及び財産分与の請求）の手数料は，離婚については本訴と反訴とは目的を同じくしているので，慰謝料500万円に対する手数料（3万円）から，その印紙額（1万3000円）を引いた上，附帯処分の印紙額を加算するから，2万0600円（3万円－1万3000円＋3600円）となる。

　なお，財産分与請求の印紙額は控除しない（民事訴訟費用等に関する法律別表第1の6の項）。

(7)　控訴の場合

　離婚と慰謝料は吸収関係に立つが，原判決で認められた養育費，財産分与，年金分割については家事審判事項なので，これとは別に各1800円（1200円の1.5倍，養育費については子1人につき）を加えた印紙額が控訴手数料となる。

4　請求の趣旨等

　担当書記官は，訴状審査において，特に請求の趣旨については以下の点について確認し，担当裁判官と相談の上，原告（代理人）に釈明を求めている。

(1)　附帯請求の起算日・仮執行宣言の可否

　離婚そのものによる慰謝料（離婚自体慰謝料）や財産分与としての金銭請求について，附帯請求の起算日を訴状送達の日の翌日としたり，仮執行宣言を申し立てたりする例があるので注意を要する（この場合は補正を要する。）。

《訂正後の記載例》

　離婚に伴う慰謝料

　　……「〇〇円及びこれに対する判決確定の日（の翌日）から支払済みまで年3分の割合による金員を支払え。」（離婚自体慰謝料は，離婚することで生じるものであるから，離婚判決が確定しない限り発生しない。したがって，離婚自体慰謝料を含む限り，起算日を訴状送達日の翌日とする

ことは相当でなく，また，仮執行宣言を付することはできない。）

財産分与

……「○○円及びこれに対する判決確定の日の翌日から支払済みまで年3分の割合による金員を支払え。」（財産分与は，将来に向けて形成するものであるから，判決が確定しない限り形成されない。したがって，仮執行宣言を付することはできない。）

なお，慰謝料請求の内容が，離婚自体慰謝料ではなく，個々の不法行為を原因とする慰謝料（離婚原因慰謝料）であるときは，遅延損害金の起算日は不法行為の日からとなり，仮執行宣言を付することもできる。その場合，離婚原因慰謝料のみを請求する趣旨であることを明らかにさせた上，個別具体的な不法行為の主張立証を求めることになる。もっとも，通常は離婚自体慰謝料も含めて請求する場合がほとんどであるから，その趣旨を確認した上で，起算日の補正と仮執行宣言申立ての削除を促すことが多い。

(2)　養育費の支払の始期と終期

養育費は，子の監護に関する費用であって婚姻費用ではないから，支払の始期は，通常は，親権者を定める判決が確定する日である。終期は，子が満20歳に達する日までとするのが原則である。大学を卒業するまでを終期として申し立てる例もあるが，不確定期限でよいかなどの問題もある。原則以外の始期・終期を主張しつつ理由の記載がない場合，担当裁判官と相談の上，理由を記載した準備書面を提出するか，訴状を訂正するかを原告（代理人）に求めることもある。

《訂正後の記載例》

「判決確定の日から前記○○が満20歳に達する日まで毎月末日限り，1か月当たり○万円を支払え。」

なお，子の監護に関する処分として，別居後，離婚までの間の子の監護費用の支払を求める申立てをすることができる（最判平19.3.30裁判集民事223号767頁，家月59巻7号120頁，判タ1242号120頁）が，離婚前の養育費は婚姻費用の一部として別途婚姻費用分担調停・審判の申立てにより請求する例も多い。そこで，養育費の支払の始期を判決確定の日よりも過去に遡った日又は月とした申立てがされた場合，代理人が上記判例に基づいて申立てをしているのか，始期について誤解しているだけなのかを確認している。

(3)　財産分与

申立ての趣旨及び理由に具体的な記載がない場合（人事訴訟規則19条2項は，「申立ての趣旨及び理由を記載」する旨を規定している。），担当裁判官と相談の上，補正を求める場合がある。

「相当額の財産分与」としか記載していない場合であっても，訴え提起時において，被告の財産関係の資料が明らかではないとして，後日，特定する旨述べているときは，担当裁判官に相談の上，そのまま期日を指定することが多い。

(4)　損害賠償

離婚自体慰謝料，離婚原因慰謝料のほかに，人事訴訟の「請求の原因である事実」によって生じたもの（人事訴訟法17条1項，2項）も審理の対象となる。特に問題となるのは，人事訴訟の「請求の原因である事実」によって生じたものか否かである。しばしば，これに該当しない請求をする場合（例えば，夫婦間の貸金請求，特有財産〔固有財産〕の引渡請求，離婚交渉過程の名誉毀損に基づく不法行為による損害賠償請求など）がある。したがって，損害賠償については，どのような趣

旨かを検討し，必要に応じて原告に確認することになる。

　なお，上記の関連損害賠償請求事件ではない場合には，家庭裁判所に管轄がないから，管轄裁判所に移送しなければならないこともあるので，申立当事者にその旨を知らせ，一部取下げの検討を求めることもある。

5　被告が外国人の場合の処理

　当事者を特定するために，必要に応じて，戸籍謄本のほかに外国人住民票等やパスポートの写し等を提出させている。

　また，通訳の要否等についても確認し，必要に応じて通訳人の法廷への出頭等を要請する場合があることを説明している。

　なお，日本語能力が十分でない外国人が被告の場合には，原告から，訴状等の翻訳文を提出させるなどの協力を得ることが，手続保障の観点から望ましい場合がある。

6　渉外事件の処理

　訴状審査の段階で，訴状に国際裁判管轄（人事訴訟法3条の2）及び準拠法に関する記載がされているか確認し，記載がなければ補正を促すこともある。

　渉外事件に関しては，離婚，離婚に伴う損害賠償及び財産分与については，法の適用に関する通則法27条（25条）によって日本法が適用されることが多く，養育費についても，扶養義務の準拠法に関する法律によって日本法が適用されることが多い。しかしながら，未成年の子がある場合の親権者の指定については，同法32条による結果，その子の本国法等外国法が適用されることも少なくない。そこで，事前に裁判官と相談の上，子の国籍が分かる資料を提出させている（子の戸籍謄本〔全部事項証明書〕，外国人登録原票等やパスポートの写し等）。子が我が国の戸籍に入っている場合を除き（法の適用に関する通則法38条1項ただし書参照），二重国籍になっている可能性もあるので，二重国籍の有無についても確認している（職権探知事項であるから，大使館に照会した結果を記載した上申書等の提出で足りるものとしている。）。

7　訴訟進行に関する照会書

　東京家裁においては，訴状受理時に，原告に訴訟進行に関する照会書（**資料7**）を交付し，その回答により調停の経過や内容の概略等の情報の提供を受けて，これを訴訟の進行等に利用している。

　また，調停段階で被告に代理人が選任されていた場合は，当該弁護士に対して訴訟事件についても代理人に選任される予定があるか否かについて意向を確認することがある（被告が住居所を秘匿している場合等）。

8　利害関係人に対する通知

　死後認知等の事件においては，人事訴訟規則16条により通知を要すると定められた者がいるか否かを確認し，このような者がいる場合には，訴訟係属の通知をしている（人事訴訟法28条）。

第2　送　達

1　外国送達

　被告が国外にいる場合，原告において本国の住所地に郵便（Fedex又はEMS）を発送し，郵便物が届くことが確認できたときは，外国送達を実施することになる。外国送達の場合には，国により相当の時間と費用がかかる場合があるので留意を要する。

　なお，平成24年6月以前に入国した外国人の場合，外国人登録原票により同原票に記載された本国の住所を確認することができる（同年7月9日付けで外国人登録法が廃止された後に初入国した外国人については，外国人登録原票は作成されない。国内に住所を有する場合は外国人住民票が作成されるが，同住民票に本国の住所の記載はない。）。

2　公示送達

　人事訴訟事件は，身分関係に関する公益性の強い訴訟であるから，公示送達の要件は厳格に審査している。住民票の提出，原告による所在調査に加え，親族照会は最低限度必要である。親族照会をしていない場合は，戸籍の附票等を提出させて，親族（親，兄弟）に被告の所在地を知っているか否か，知っている場合にはその場所はどこかなどを照会している。警察に捜索願等が提出されている場合には，受理番号及び警察署の担当者名を明らかにさせた上，裁判所から確認を取ることもある。

　被告が外国人の場合でも，平成24年6月頃以降に入国歴があれば，住民票が発行されるので，日本人と同様に所在調査等を行う。所在不明の場合，出入国在留管理局長からの「出入（帰）国及び外国人登録記録等に関する照会について（回答）」により，出国していないと判断できるときは，国内における公示送達を実施することになる。なお，出入国在留管理局が当事者（代理人）からの照会に応じない場合には，裁判所から照会している。

3　外国公示送達

　被告である外国人が国外におり，かつ所在が不明であるとして，公示送達の申立てがされる場合がある。外国人登録原票がある場合は，同原票に記載された本国の住所に送達ができなかったことを証する資料の提出を求めている。これに対し，外国人登録原票がない場合，住民票には本国の住所の記載はないので，原告が資料により主張する外国の最後の住所に宛てて，原告から郵便（Fedex又はEMS）を発送し，その追跡記録により郵便が届かないことを証明することにより外国における公示送達を実施することになろう。そのような手続をとらない場合は，最後の住所が判明している限り，原則どおりその住所地に宛てて外国送達をしている。

　なお，裁判所から外国送達の嘱託を発した後，6か月を経過しても送達を証する書面の送付がない場合は，原告の申立てにより公示送達をすることができる（民事訴訟法110条1項4号）が，その場合，次の送達も，改めて外国送達を実施しなければならないことに留意を要する（同条3項ただし書）。

4　送達をすべき場所の調査嘱託

　原告から，被告の住所につき住居所不明と記載された訴状等とともに，被告の住民票の写し等がＤＶ等支援措置の対象となっているため被告の住所を調査することができない事情を報告する資料が提出された場合には，裁判所が，当事者の特定や被告に対する訴状等の送達場所等の特定をするため，申立て又は職権により市町村に対して被告の住所に関する調査嘱託（住民票や戸籍の附票等）を行うことが考えられる。この場合，当該嘱託に係る調査結果の報告が記載された書面が閲覧されることにより，被告が社会生活を営むのに著しい支障を生ずるおそれがあることが明らかであることが認められるときは，職権で当該書面及びこれに基づいてされた送達に関する送達報告書その他これに類する書面の閲覧等の請求をすることができる者を被告に限ることができる（民事訴訟法133条の3）。

5　その他

　原告と被告が同居中の事案では，被告への送達書類を原告本人が誤って受領することのないよう，封筒の表面及び送達報告書に「（本人渡し）」と明記している。

第3　訴訟上の救助

　訴訟救助の対象としては，訴え提起手数料のほか，送達に要する郵便費用等民事訴訟法83条1項各号に掲げられ，強制執行にも訴訟救助の効力が及ぶこともあるが，実務では訴え提起手数料についてのみ救助決定をすることがほとんどである人事訴訟の場合の手数料は，前記のとおり，高額な慰謝料請求をしない限り，さほど高額とはならないから，資力との関係で，その必要性について慎重に審査することになる。

　そのため，疎明資料としては，例えば，源泉徴収票，課税証明書，生活保護に関する資料，家計収支表（**資料17**），預金通帳の提出を求めることもあり，また，婚姻費用の受領の有無の疎明を求めることがある。その結果，訴訟の準備及び追行に必要な費用を支払う資力がない者又はその支払により生活に著しい支障を生ずる者であると認められないときは申立てを却下することになる（法テラスの「援助開始決定」のみで認容されることはない。）。

　また，勝訴の見込みについての資料として，訴状のみを添付して陳述書が提出されないことがあるが，裁判官と打ち合わせた上で必要な場合は，陳述書の提出を求めることがある。

第4　第1回口頭弁論期日の指定

1　調停段階で被告が代理人を選任していない場合

　原告（代理人）と日程調整した上で，1か月程度を目途に第1回口頭弁論期日を指定している。

2　調停段階で被告が代理人を選任している場合等

　被告が調停段階における代理人等を訴訟代理人として選任し，委任状が提出された場合は，原告（代理人）及び被告代理人（又は代理人になろうとする弁護士）と日程調整をして第1回口頭弁論

期日を指定している。

　この場合は，原告（代理人）から得た情報を基に，被告の代理人であった弁護士に確認した上で，訴訟委任状の提出を待って訴状副本等を送達している。

3　第1回口頭弁論期日の指定

　原告（代理人）が第1回口頭弁論期日前に弁論準備手続に付する旨の希望を述べている場合（具体的には，訴訟進行に関する照会書〔資料7〕に対して，原告〔代理人〕から第1回口頭弁論期日前に事件を弁論準備手続に付すことに賛成する旨の回答があった場合），担当裁判官に相談の上，被告（代理人又は代理人になろうとする弁護士）から意見を聴取して（民事訴訟法168条）第1回口頭弁論前の弁論準備手続に付すことがある。

　また，第1回口頭弁論期日の指定については，担当裁判官の基本審理方針に従うことになるが，同一時刻に複数の事件を指定する例が多い（例えば，午前10時に4件程度を弁論期日で指定し，10時20分又は10時30分から証拠調べ期日を指定する等）。

4　配偶者暴力防止法に基づく保護命令等が発せられている当事者を被告とする場合の第1回口頭弁論期日の指定

　原告から，調停段階で，裁判所で暴力を振るう具体的な危険性があったかどうかを聴取し，訟廷部門，事務局に情報を提供した上で，警備体制に配慮して期日及び法廷等を調整するのが相当である。調停事件の担当係に警備に関する情報を照会することもある。

第5　事前準備

1　第1回口頭弁論期日で終結できる事件に対する準備

　公示送達事件や調停段階において被告の不出頭を理由として不成立になり，訴訟においても出頭の見込みが少ない事件（調停の不成立調書謄本及び訴訟進行に関する照会書から確認している。）については，担当裁判官と相談の上，次のような事前準備を行っている。

　(1)　原告陳述書（及び場合により原告本人尋問の申出書）を提出させて，訴状副本・第1回口頭弁論期日の呼出状とともに送達している。

　(2)　離婚事件において，15歳以上の未成年の子がある場合，その子が作成した親権者の指定に関する意見書（子の意向・心情に関する書面，人事訴訟法32条4項。なお，意見書には，なるべく具体的〔少なくとも「今後，父又は母と一緒に生活したいから，父又は母を親権者にして欲しい」という程度〕に書くように求めている。パソコンで「父又は母を親権者とする」と書き，未成年の子に署名又は押印だけをさせるというようなやり方はできる限り避けるよう求めている。）を提出させて，相手方に送付（又は送達）する（厳密には事実の調査資料となるものではあるが，書証として取り扱うことが多いので，送達しておくのが相当であろう。）。

　なお，上記意見書については，終結まで当事者がなかなか提出をしないことがあるので，早期に提出を促すことが肝要である。また，係属中に15歳以上になることもあるので，未成年の子の

生年月日を記録表紙に記載するなどして常に注意喚起しておくのが相当である。

　(3)　養育費の請求がある場合，原告及び被告のそれぞれの収入を示す資料(源泉徴収票，給与支払証明書，課税証明書，確定申告書等。訴訟救助の資料として原告から生活保護受給等の資料が提出されている場合は，それによることもできる。)を書証として提出することを促し，相手方に送達している。

　被告の収入を示す資料の提出が困難な場合には，その旨の上申書等とともに賃金センサスによる推計額を主張するよう促している（具体的には，最新版の賃金センサスの該当部分の写しの提出を求め，業種・年齢・学歴等の該当部分をマークするよう促すことがある。）。

　(4)　財産分与の申立てがある場合には，対象財産を特定できるだけの資料（登記全部事項証明書，預金通帳，株式の取引明細表等）を書証として提出を促し，送達している。

　(5)　原告に代理人がついている場合に，第1回口頭弁論期日に本人の出頭を求めるか否かについては，担当裁判官と打ち合わせた上，必要があるときは，代理人にその旨を連絡し出頭を確保している。

2　被告（代理人）が第1回口頭弁論期日に出頭しないが，答弁書等を提出している場合の準備

　あらかじめ，双方代理人と次回期日の調整をしておく（少なくとも，被告〔代理人〕から次回期日〔口頭弁論又は弁論準備〕の希望日を複数聴取しておく。）のが相当である。答弁書に被告の進行に関する方針が記載されている場合，例えば反訴を提起する予定があると記載されているときは，提起予定時期，内容等を聴取して効率的な進行を図るのが相当であろう。

3　当事者が外国人の場合の事前準備

　当事者が外国人の場合，本人尋問等に通訳が必要かどうかを当該代理人に確認し，通訳を付すのが相当であるときは，裁判所が通訳人候補者を探すなどして依頼する。ただし，当該当事者において信頼できる通訳人候補者を準備でき，相手方にも異議がない場合は，当日，同行した上で，法廷で宣誓して通訳人に選任することもある。通訳人は，格別資格を有している者である必要はないが，通訳人としての能力に疑問を抱かせない程度のキャリアは必要であろう。

　訴訟費用となる旅費・通訳料等については，見積額を当事者に予納させ，尋問終了後に支払うのが原則であるが，通訳人が当事者の知人である場合には，旅費・日当の請求が放棄されることもある。通訳人に旅費・通訳料等を支払う場合は，あらかじめマイナンバーを求める必要性を確認する。

第6　立会いに関する事務

1　調書の記載

　裁判官は，できるだけ審理すべき争点を絞るために，主張の整理に努めているので，争点に関する点は，調書に記載することが多い。

　調書の特記事項に記載する主な事項は次のとおりである。

（1）　離婚請求

　訴状の中には，離婚原因に関して根拠条文を明示していないものも見受けられるが，この場合には，訴訟物を特定するために原告に釈明を求めた上で，例えば「本件離婚請求は，民法770条1項5号に基づくものである。」等と記載している。

　第1回口頭弁論期日において，被告が，請求棄却を求めるが，婚姻関係の破綻自体は争わない旨主張する場合は，「原告主張の離婚原因は争うが，婚姻関係の破綻は争わない。」等と記載している。

　婚姻関係の破綻を争う場合には，「婚姻関係の破綻及び離婚を争う。」等とし，有責配偶者からの離婚請求であると主張する場合には，「婚姻関係の破綻を争い，有責配偶者の抗弁を主張する。」又は「婚姻関係の破綻は争わない。有責配偶者の抗弁を主張する。」等と記載している。

（2）　親権者の指定

　被告が，親権者の指定について争わない旨を主張する場合は，「親権者の指定については争わない。」又は「親権者の指定については強いて争わない。」等と記載している。

　親権者の指定について争うが，請求棄却の答弁しかしていない場合には，「離婚及び親権者の指定を争う。」等と記載している。

（3）　財産分与

　被告が離婚請求に対して請求棄却を求めるだけで財産分与を求めない場合には，「被告は，財産分与の予備的申立てをしない。」等と記載している。

　なお，現時点では財産分与の申立てをしないが，申立てをするか否かについて検討したいとの意向を示すような場合には，「被告は，現時点では財産分与の予備的申立てをしない。」等と記載している。

　分与対象財産確定の基準日について当事者が合意したときは，「1　分与対象財産確定の基準日を令和○○年○月○日とすることに合意する。2　上記基準日における自己名義の財産を開示し，婚姻関係財産一覧表を提出する。」等と記載している。基準日について当事者が合意できないなどの理由により，やむを得ず二時点で整理する場合は，「原告　分与対象財産確定の基準日を令和○○年○月○日と主張する。」等と記載した上，「当事者双方　上記二時点における自己名義の財産を開示し，各基準日についての婚姻関係財産一覧表を提出する。」等と記載している。

　財産分与の対象財産及び評価額等について争いがない場合には，「財産分与の対象となる夫婦の実質的共有財産は，訴状○○項の記載の不動産のみであり，その評価額が○○万円であることには争いがない。」等と記載することがある。

　また，夫婦の名義の財産があるが，特有財産（固有財産）であることに争いがない場合には，「訴状○○項記載の不動産は，原告（又は被告）の特有財産（固有財産）であることに争いがない。」等と記載し，財産分与の対象財産がないことについて争いがない場合には，「財産分与の対象となる夫婦の実質的共有財産がないことに争いがない。」等と記載している。

　相手方名義の特定の財産を取得する希望がある場合は，「○○の不動産の取得を希望する。」「○○の不動産の取得を希望するが，○○円以上の代償金を支払う能力はない。」等と記載する。

　主張整理が終わった段階で提出された婚姻関係財産一覧表（**資料10**参照）を期日調書に添付して「当事者双方　分与対象財産に関する主張は別紙のとおりである。」と記載することもある。

(4)　損害賠償

　原告が, 離婚自体慰謝料の請求なのか, 離婚原因慰謝料の請求なのかを第1回口頭弁論期日までに明確にせず, 裁判官が釈明を求めて前者である旨の主張をしたときは「離婚自体慰謝料を請求する趣旨である。」等と記載して請求を特定している。

　被告が, 婚姻関係が破綻していることを争わず, 裁判官が予備的損害賠償請求又は反訴損害賠償請求の予定がないかどうかを確認して, その予定がない旨の回答があった場合は,「予備的損害賠償請求の予定はない。」又は「反訴損害賠償請求はしない。」等と記載することがある。

2　和　解

　(1)　和解の内容・方法については, 前述 (第1章**第13**) のとおり留意点がある。

　(2)　離婚, 離縁請求事件について和解が成立し, 戸籍の届出を要する場合は, 戸籍届出用の和解調書 (省略) 謄本を, 離婚請求事件で年金分割が定められた場合には, その手続用に和解調書の抄本を交付申請するように説明している。

　(3)　本人訴訟において (離婚及び離縁について) 和解が成立した場合は, 戸籍の届出方法について説明している。

　(4)　戸籍通知を失念しないよう, 和解調書作成後, 直ちに戸籍事務管掌者に対して国の費用により普通郵便で通知している。

　(和解条項の一例については**資料16**参照。)

第7　家庭裁判所調査官による事実の調査についての事務に関する事項

1　調査命令の発令

　担当裁判官が家庭裁判所調査官 (以下「調査官」という。) による事実の調査が必要と判断した場合には, 担当裁判官が調査官に連絡し, 担当調査官が調査対象, 調査方法, 調査期間の予定等を検討することとしている。

　書記官は, 担当裁判官からその連絡を受けたら, 速やかに調査官に記録を貸し出して早期の進行に努めている。

　なお, 当事者に対し, 事前に子の監護状況に関する資料 (母子健康手帳, 幼稚園・保育園の連絡帳, 通知表, 部屋の間取図, 子の監護に関する陳述書等。**資料11**ないし**13**参照) の提出を求めることがある。提出された場合は, 直ちに調査官に連絡する。

　調査命令は, 口頭弁論期日又は弁論準備手続期日の終了に引き続き, 期日外で出ることが多いので, 書記官は当該期日に当事者本人の出頭を求めることがある。

　かつては, 口頭弁論期日又は弁論準備手続期日終了後, 裁判所 (裁判官, 調査官, 書記官) と当事者と調査の打合せを行い, 裁判官から, 調査の趣旨, 留意事項, 調査の方法, 期間等を説明するので, それを踏まえて, 調査命令書を作成し, その後, 記録を調査官に貸し出すという運用をしていたが, 当事者出頭の期日を設けようとすると, 期日調整が困難な場合もあることなどから, 近時は, 第1章 (**第10の3の(3)イ**) のような運用をしている。

子の監護養育に関する資料は，当事者から書証として提出させることを原則としているので，当事者から追加資料の提出があれば，書証として扱っている（調査官が事実の調査の資料として受領することはしていない。）。

2　調査報告書の提出

調査終了後，調査官から調査報告書が提出されるので，裁判官の押印を得た上で，直ちに当事者双方に事実の調査がされた旨の通知を行っている。

当事者から調査報告書の閲覧・謄写申請があった場合には，裁判官の許可（人事訴訟法35条）を得た上で，速やかに閲覧・謄写させている。

第8　参与員関与事件

1　参与員の指定

特に離婚の当否が争点になる事案等について，裁判官が，参与員に関与させることが相当であると判断した場合は，当事者に対し，一般国民の良識を反映させる参与員を立ち会わせる可能性があることを事前に説明する。その上で，書記官が，参与員名簿の中から男女各1名の候補者を選び，出頭の可否を電話等で照会するとともに，裁判の公正につき疑念を生じさせるような事由（当事者等の関わり等）がないかファクシミリでお知らせと題する書面（事件名，事件番号，当事者名，期日の時間等）を送付し，当事者との関わりがない旨等の回答を得た上で，裁判官から参与員の指定印を受けている。

2　期日前の準備

参与員には，指定された事件の内容等の確認のため，当事者から人証申請及び陳述書が提出された段階で，記録の閲覧等をしてもらっている。

3　期日当日の説明，処理等

当日は，参与員に概ね期日の30分前に出頭を求め，当事者の陳述書，身分関係等の資料を交付した上，裁判官から概ね15分程度，事案の概要，争点，当日の審理の予定等を説明することとしている。法廷では，証拠調べに立ち会い，裁判官の許可を得て質問することがあるほか，期日終了後の評議にも参加する。和解勧告をした事案については，和解に同席して意見を求める場合もある。

事件終了後，参与員に旅費・日当請求をしてもらい，交付した事案の概要メモ，陳述書等の参考資料を全て回収している。

立ち会った参与員の氏名は，弁論調書「弁論の要領等」の冒頭に記載する（「参与員●●●●立会い」）。

4　事件終了後（判決，和解等）の処理等

参与員から事前に希望があれば，事件が判決又は和解で終了した後，担当書記官から，今後の参考のために判決又は和解の概要を電話等で連絡することがある。

第9 事件終局後の事務

1 判決正本，和解調書正本及び認諾調書正本の送達

判決正本，和解調書正本及び認諾調書正本を当事者双方に送達している。

和解調書正本又は認諾調書正本の送達は，当事者からの調書正本送達申請が必要であるが，この申請については，期日終了後，当事者に口頭で送達申請の意向を確認し，調書正本送達口頭申請調書を作成する方法によっている。

2 戸籍事務管掌者に対する通知

戸籍の届出又は訂正を必要とする事項について，判決が確定したとき，和解が成立したとき又は請求の認諾があったときは，当該当事者の本籍地の戸籍事務管掌者（市区町村長）へ国の費用で遅滞なく通知している。

3 戸籍の届出手続の説明

本人訴訟においては，事件終局後，戸籍の届出義務者となる者（基本は原告。ただし，和解で「被告の申出により離婚する。」などの申出〔届出〕を被告がするとの条項がある場合には被告。また，離婚〔離縁〕の反訴が提起された事件において和解が成立したときは，届出をする当事者〔通常は戸籍から離脱する当事者〕）に戸籍の届出について具体的にどのような手続が必要であるかを次のとおり説明している。

(1) 届出義務者は，判決確定後又は和解成立後10日以内に本籍地又は届出人の所在地の市区町村役場に届け出る必要がある。この10日の期間内に正当な理由なく届出をしないと過料の制裁を受けることもある。

(2) 届出に必要な書類は，判決による場合には，判決正本又は判決謄本（離婚，離縁の場合は，離婚，離縁，親権者指定の戸籍記載事項以外の項目が省略された省略謄本）及び判決確定証明書，和解及び認諾による場合は，調書の省略謄本である。

(3) 判決謄本，調書謄本（省略謄本の場合を含む。）及び確定証明書は，裁判所に対して，別途手数料を納めた上で交付申請をする必要がある。

和解又は認諾であれば，その場で省略謄本の交付申請書を渡し，手数料額を教示して提出を促し，判決の場合は，省略謄本等の交付申請書を渡して記載方法を説明し，後日，判決が確定したことを確認してから同申請書を提出するよう教示している。

4 省略謄本，判決確定証明書等の交付及び執行文付与

省略謄本等（年金分割用は抄本）や判決確定証明書は，書面による交付申請により交付している。

東京家裁においては，判決正本又は和解調書正本に対する執行文付与は家事第6部で処理している。

なお，実質的には別表第二審判事件である附帯処分等（財産分与や養育費の支払等）についても，執行文が必要である点，判決書に執行文を付与する場合には判決確定日を明記することに注意を要する。

第3章 人事訴訟事件における家庭裁判所調査官による事実の調査の実情について

東京家庭裁判所の人事訴訟の専門部である家事第6部における家庭裁判所調査官事務については，令和5年3月現在において，このようなやり方で処理されているので紹介する。

第1　人事訴訟事件における
家庭裁判所調査官による事実の調査

1　人事訴訟事件における事実の調査と家庭裁判所調査官調査の位置付け

　人事訴訟事件（以下「人訴事件」という。）の家裁移管によって，親権者指定及び附帯処分事項（以下「附帯処分事項等」という。）について裁判所は事実の調査をすることができるようになり（人事訴訟法33条），同時に事実の調査を家庭裁判所調査官（以下「調査官」という。）にさせることができることとなった（同法34条）。

　調査官調査の活用指針については，前述（第1章**第10の3(2)**）のとおりであり，実務上は附帯処分事項等の中でも調査官の専門的知識や技法を活かせる親権者指定に関するものに限られている。

2　主要な調査の類型

　人事訴訟において調査官に発令される主な調査事項は，前述（第1章**第7の5(4)エ**）のとおりであり，①子の監護の現状が子の福祉に適うものかどうかを把握し，明らかにすることを目的とする，子の監護状況についての調査（併せて，非監護親が子のためにどのような監護態勢を整えているかを把握することを目的とする，監護態勢についての調査を行うこともある。），②親権の帰すうについての意向等を把握することを目的とする，子の意向・心情についての調査，③それぞれの親の親権者としての適格性を検討し，いずれを親権者に指定するのが相当かを明らかにすることを目的とする，親権者指定についての調査がある。

　調査官による事実の調査は，双方の主張及び立証活動に基づいた審理を補う形で行われているので，親権者の指定に争いのある事案の全てにおいて行われるわけではない。調査官調査が検討されるのは，子の監護状況や意向・心情の把握や親権者指定の判断に際して，子の発達や両親の紛争下にある子の心理など，行動科学等の専門的な知識や技法を活用し，子の福祉の観点から評価することが求められる事案で，かつ当事者が提出した証拠や法廷における尋問等のみでは裁判官の心証を形成することが難しい事項となる。例えば，表明された子の意向・心情について非監護親が監護親による操作を主張し，子の意向・心情の真意性について争いがある場合や，現在の監護が適切かどうかについて双方の親の主張が対立している場合などが考えられる。最も総合的な調査が求められるのは親権者指定調査であり，例えば，監護親の監護に重大な問題が窺われる場合や，夫婦同居や交替監護などの事案で，父母による監護の質の差が分かりにくい場合などに検討される。

　現在，家事第6部において実際に調査が発令される調査事項としては，子の監護状況調査，子の意向・心情調査，あるいは子の監護状況と子の意向・心情の両方についての調査が多い。しかし，前述の場合は，親権者指定調査を検討している。

第2　調査命令の発令と当事者との打合せ

　調査官調査に際して，当事者の理解と協力を求めるために打合せを実施していることは前述（第1章第10の3(3)イ）のとおりである。

第3　調査の実際

1　調査官調査の内容

　調査官は，主張書面のほか，「子の監護に関する陳述書」（資料13）等の陳述書や各種資料等の書証を参考に，調査対象や調査方法，聴取内容等について裁判官と協議する。具体的には，監護親及び非監護親の調査，家庭訪問による子や監護親，監護補助者（例えば同居している子の祖父母など，現に日常的に子の監護を補助している者）の調査，児童室（後述4）における子の調査，保育園等関係機関の調査などが検討される。ただし，これらは，事案ごとに，必要性に応じて決めるものであり，全ての事件で行うわけではない。

2　親の面接調査

　監護親及び非監護親の面接調査においては，調査命令の趣旨について再確認するとともに，予定されている調査の内容，方法等について具体的に説明している。子の調査についてのパンフレット（資料14）を渡すこともある。

　子の監護状況調査や態勢調査における監護親の面接では，既に提出されている子の監護に関する陳述書や各種資料を基に，監護親については生活及び心身の状況，監護補助の実情，今後の監護計画，子については具体的な日常の生活スケジュール，発達や心身状況，紛争についての認識に対する監護親の理解等をより具体的に把握している。また，後日，家庭訪問による調査が予定されている場合は，家庭訪問時の進行等についても打ち合わせている。子の意向・心情調査でも，監護親と面接した上で子との面接に臨むことが多く，子の状況等を聴取するほか，子の面接の日程や手順等について説明し，監護親からも調査について事前に子に説明しておくよう依頼している。

　非監護親との面接においても，同様に非監護親については生活及び心身の状況，今後の監護計画，子については非監護親が把握している子の状況や，紛争に対する子の認識等を聴取する。また，子の意向・心情調査の場合，監護親と同様に子の状況を把握するために子の面接に先立って，非監護親の調査をすることもある。

　なお，監護親及び非監護親から聴取する内容は，あくまでも子の監護に関する事項が中心であり，離婚に関する主張や離婚事由の存否等に関わる争いのある事実関係は扱っていない。

3　家庭訪問による調査

　家庭訪問は，日常の子の生活や監護親による監護の現状等を直接把握することを目的としている。親権者指定調査や，子の監護状況調査に併せて監護態勢調査がある場合には，非監護親の監護態勢を把握することを目的として，非監護親宅に家庭訪問することもある。

　調査官は，家庭訪問時，その家庭に身を置き，行動科学等の専門的知識や技法を用いて，子や家族と面接したり，子の様子や子と監護親との関係，その他の監護補助者との関係等を観察する。家庭訪問の際には，子と日常的に関わっている監護補助者に在宅してもらうことを求めるほか，逆に子の友人等が遊びに来ているなどのことがないように，理解と協力を求めている。

　家庭訪問による調査の際には，調査対象者全員が同席する形で面接を行うだけではなく，監護親と子とだけ面接したり，必要に応じて子と個別に面接したりすることで，それぞれの場面での子の様子を観察するとともに，子の意向・心情の把握をしている。さらに，必要に応じて，監護補助者と個別に面接することもある。このような様々の場面の設定は，調査官が，調査の目的や提出されている陳述書や監護親及び非監護親との面接の結果等を参考にして，事案ごとに事前に検討している。

4　児童室における調査

　児童室とは，裁判所内の施設で，子がリラックスして自由に遊べるように，おもちゃや人形，簡単なゲーム，箱庭などを備え付けた部屋である。必要に応じて，年齢の低い子との面接や親子の交流場面の観察などの際に使用している。児童室を使った親子の交流場面観察では，親子の分離場面を設定したり，箱庭などの共同作業を行わせてその様子を観察するなど，より操作的で構造的な調査が可能であり，また，調査官がモニター室で児童室内の様子を視聴することもできる。

　児童室を使った親子の交流場面観察の際には，事前に親に対して当日のスケジュール等を説明している。また，子に過度の負担がかからないよう配慮する趣旨で，事前に親から子に対しても，当日のスケジュール等を簡単に説明しておいてもらうようにしている。

5　子の面接調査
(1)　子の面接調査の意義等

　子の面接は，子の発達段階等に応じて，具体的にどのような方法で行うかを検討している。

　子の意向・心情調査では，原則として，子に裁判所に来てもらい，面接室で子と個別に面接し，親権の帰すうに関する子の意向・心情を直接聴取している。なお，15歳以上の子について親権者指定等の裁判をする場合にはその陳述を聴かなければならないが（人事訴訟法32条4項），15歳未満の子であっても，個人差はあるものの，概ね10歳以上であれば意向・心情を聴取することが可能と考えられており，その必要性があると判断される場合に子の意向・心情調査を実施している。

　子が概ね10歳未満の場合は，子の発達段階や置かれている状況等にもよるが，親権の帰すうに関する子の意向・心情を聴取することは難しいため，子の監護状況調査による家庭訪問時に子と個別に面接し，今の生活やそれぞれの親への気持ち，今後の生活への希望等を聴取し，子の意向・心情を酌み取るようにしている。ただし，きょうだい（複数の子がいる場合，その関係は，兄弟及び姉妹のほかに兄妹，姉弟など色々な組み合わせがあるので，これらを「きょうだい」と表示している。）との関係や，子の意向・心情について争いがある場合などは，子の監護状況調査と併せて子の意向・心情調査として裁判所で子と個別に面接をすることもある。

(2)　子の面接の実際

　ア　子との面接に先立って監護親及び非監護親との面接を実施する例が多いことについては，

前記2のとおりである。

　イ　子との面接の導入場面では，調査の目的や調査官の立場，子から聴取した結果の扱い（書面にして裁判官に報告し，その結果は父母にも伝わること。）等について，子の理解力に応じて分かりやすく説明している。特に子の意向・心情調査の場合は，調査の目的や調査官の立場についてきちんと説明することが重要となり，また，親権者については子の意向だけで決めるわけではないこと，裁判所としては，子がどのように考えているのかを知り，それを尊重したいことなどを伝えている。さらに，調査官は，子が，親権の意味をどのくらい理解しているかを把握した上で，子の発達段階等に応じて，平易な言葉で親権の意味等を子に説明するなどしている。

　ウ　子との面接場面では，一般的に，日常生活のことや学校のことなど，子にとって話しやすい話題から入っていくことが多い。まず，一日のスケジュール等を聞くことを通じて，実際に子がどのような生活を送っているのかを話してもらっている。子の言語能力等には個人差があるので，調査官は，子の言葉の理解力，表現力に合わせた問いかけをするようにしており，言葉でのやり取りだけでなく，イラスト等を用いて問いかけることもある。また，親権者についての意向を尋ねる場面では，親権についての子の理解の程度に応じて，改めて平易な言葉で親権の意味を説明している。

　エ　面接を終了する際には，再度，子に対して，調査の結果は，裁判官に報告されること，父母双方にも伝わる旨を告げ，聴いたことを調査報告書に記載してもよいかなどを確認している。

(3)　子の面接における留意点

　子の面接では，監護親等の影響を受けずに子が自らの自由意思に基づいてなされた陳述を聴取しなければならず，その影響が極力除かれるように配慮している。例えば，家庭訪問における面接では，少しの間，監護親に席を外してもらって子から話を聴くようにしており，住居が狭く部屋数が少ないなど，監護親等の影響を受けずに面接できる部屋がないような場合には，監護親等に少しの間，外出してもらうこともある。また，きょうだいがいる場合，きょうだいから受ける影響なども考慮し，必要に応じて，個別の面接に加えてきょうだいを同席させる場面を設定することもある。

6　関係機関の調査

　保育園，幼稚園，小学校など子の日常をよく把握している関係機関を調査対象とすることがある。それによって，子の出欠状況，子の園や小学校での様子，子の保護者との連絡状況など，子の監護状況を把握することができる。特に，子が多くの時間を過ごす保育園については，園での適応状態や保護者と園との協力関係など有益な情報を得られるので調査を実施することが多い。

　なお，保育園や小学校等の調査に先立っては，親から保育園や小学校等に調査官調査がある旨の連絡を入れてもらうとともに，調査官が保育園や小学校等に連絡をとる際の連絡先担当者（園長，担任教諭など）を確認してもらっている。調査の趣旨の説明や協力の依頼等については調査官が直接保育園や小学校等に対して行うが，事前に親から連絡が入っていると，その後の調査が円滑に進みやすい。さらに，保育園や小学校等の調査に当たっては，人事訴訟事件の調査であり，当事者双方が調査に同意していること，聴取した内容は原則として開示されることを伝えた上で，調査に協力してもらっている。特に保育園の調査を実施するに当たっては，必要に応じて，調査

への理解と協力を求めるためのパンフレット（**資料14**）を渡している。

第4　調査結果の報告

　調査報告書に具体的に記載する内容は，事案及び調査事項に応じて異なる。一般的には，子の監護状況調査の場合は，子の生活状況，監護親による具体的な監護の状況，監護補助者の関与の状況，子の意向や心情，及び関係機関調査によって得られた情報等を踏まえ，子の福祉に適っているのかという観点からまとめ，評価する。また，子の意向・心情調査の場合は，父母の紛争や父母に対する心情，親権や今後の生活の希望等についての子の発言，子の面接時の様子（表情，声のトーン，身振りや手振り，面接の集中度など），面接を行った場面構造（場所，同席者の有無など）とともに，子の生活状況，子の発達段階及び知的能力，性格及び行動傾向，学校や地域などコミュニティとの関係，さらには父母等から得られた情報によって把握されたこれまでの紛争の実情及びそれについての子の認識の程度や子の情緒面・行動面への影響，同居家族の言動からの影響等を総合的に検討し，子が紛争をどのように理解し，親権の帰すうについてどのように意向・心情を形成し，表明したのかを分析し，子が何を求めているのかを明らかにする。また，親権者指定調査の場合は，子の生活状況，父母による具体的な監護状況及び予定する監護態勢，父母の監護補助者の状況，親子交流場面観察結果，子の意向や心情及び関係機関調査結果，過去の監護状況等を総合的に検討し，将来予測を踏まえて親権者をどちらに指定することが相当であるかを評価する。

　調査官は，調査発令時に定められた期限内に，調査報告書を提出する。調査報告書は，原則として意見欄を含めて開示される（人事訴訟法35条2項）。

巻末資料

【資料１】

訴　　状

令和○○年○○月○○日
東京家庭裁判所　御中
原告訴訟代理人弁護士　○　○　○　○　印

本　籍　東京都○○区○○町○丁目○番
住　所　〒○○○－○○○○　東京都○○区○○町○丁目○番○号
原　告　○　○　○　○
〒○○○－○○○○　東京都○○区○○町○丁目○番○号○○ビル
○○○法律事務所（送達場所）
原告訴訟代理人弁護士　○　○　○　○
電　話　03－○○○○－○○○○
ＦＡＸ　03－○○○○－○○○○
本　籍　東京都○○区○○町○丁目○番
住　所　〒○○○－○○○○　東京都○○区○○町○丁目○番○号
被　告　○　○　○　○

離婚等請求事件
訴訟物の価額　○○○万円
ちょう用印紙額　○○○○円

第１　請求及び申立ての趣旨
１　原告と被告とを離婚する。
２　原告と被告との間の長女○○（令和○○年○○月○○日生）の親権者を原告と定める。
３　被告は，原告に対し，判決確定の日から前項の長女が満20歳に達するまでの間，毎月末日限り，1か月当たり○○万円を支払え。
４　被告は，原告に対し，財産分与として，○○万円を支払え。
５　被告は，原告に対し，○○○万円及びこれに対する判決確定の日の翌日から支払済みまで年3分の割合による金員を支払え。
６　原告と被告との間の別紙年金分割のための情報通知書記載の情報に係る年金分割についての請求すべき按分割合を0.5と定める。
７　訴訟費用は被告の負担とする。
第２　請求の原因等
１　婚姻の経緯等
原告（妻・平成○○年○月○日生）と被告（夫・平成○○年○月○日生）は，○○株式会社に同期入社し，約3年間の交際の末，平成○○年○○月○○日婚姻をし，被告の肩書住所において婚姻生活を開始した。
なお，原告は，婚姻と同時に○○株式会社を退職した。そして，令和○○年○○月○○日長女○○（以下「長女」という。）が出生した。
２　婚姻の破綻（離婚原因）

　被告は，長女が出生後も，仕事を優先し，帰宅時間が深夜になることが多かったばかり
か，原告が懸命に育児をしているのに全くこれに協力をせず，休日に長女の世話をするこ
ともなく，原告にのみ育児の負担を押しつけた上，育児に疲れた原告に対し，「家事ができ
ない者はいらない。」「出ていけ。」などと罵声を浴びせるなどした。

　原告は，被告のこのような言動にひたすら耐え忍んでいたが，令和〇〇年〇〇月〇〇日，
被告は，深夜，酒を飲んで帰宅し，ようやく寝付いた長女を起こしたため，原告がそれを
注意したところ，被告は激昂し原告に暴行を振るった。

　そこで，原告は，被告とこれ以上婚姻生活を続けていくのは困難と考え，同年〇〇月〇
〇日，長女を連れて原告の実家に身を寄せ，被告と別居することになった（甲1）。

　よって，民法770条1項5号にいう婚姻を継続し難い重大な事由があるというべきである。

3　慰謝料請求

　原告は，前記のとおり，被告の度重なる不当な言動等により，離婚を余儀なくされたも
のであるが，被告の行為により，多大な精神的苦痛を受けた。これを慰謝するには，少な
くとも〇〇〇万円の慰謝料の支払が相当である。

4　親権者の指定及び養育費

　原告は，長女が出生後，一貫して自ら監護養育を担っており，被告との別居後も，実家
の援助を得て，原告の監護のもと長女は順調に成長している。長女は，未だ〇歳の幼児で
あり，その成長には母親の存在が必要である。他方，被告は，これまで育児に全く協力せ
ず，長女の世話もほとんどしたことがない。したがって，長女の親権者を原告と指定する
のが相当というべきである。

　そして，原告は，現在，実家の世話になっているものの，無職・無収入であるが，他方，
被告は，〇〇株式会社に勤務し，年間約〇〇〇万円の所得がある（甲2）。そこで，長女の
養育費としては，1か月当たり〇〇万円が相当である。

5　財産分与

　本件では，夫婦の財産が形成された期間は，別居時までと考えるべきところ，原告と被
告が別居した令和〇〇年〇月〇日時点（分与対象財産確定の基準日）における原告及び被
告名義の分与対象財産は，別紙婚姻関係財産一覧表（省略）のとおりである（甲3ないし
16）。また，婚姻期間における原告の家事の負担等による夫婦の財産形成に対する寄与の状
況からすると，財産分与の割合は，2分の1とするのが相当である。

　したがって，別紙婚姻関係財産一覧表における原告名義の財産と被告名義の財産の総合
計額の2分の1から，原告名義の財産の合計額を差し引いた金額（〇〇万円）を，被告は，
原告に対し，財産分与として支払うべきである。

　なお，被告の退職金や企業年金は，詳細が不明であるため同表に記載していないので，
被告から原告に分与されるべき金額は，今後さらに増える可能性が高い。

6　年金分割

　原告と被告との間の別紙年金分割のための情報通知書記載の情報に係る年金分割につい
ての請求すべき按分割合は，原則どおり0.5と定めるべきである。

7　したがって，原告は，被告に対し，①長女の親権者を原告として離婚を求めるとともに，
②不法行為に基づく離婚自体慰謝料として〇〇〇万円及びこれに対する判決確定の日の翌
日から民法所定の年3分の割合による遅延損害金の支払，③長女の養育費として判決確定
の日から同女が満20歳に達するまで月額〇〇万円の支払，④財産分与として〇〇万円の支
払，⑤別紙年金分割のための情報通知書記載の情報に係る年金分割のための請求すべき按
分割合を0.5と定めることを求める。

8 調停の経過

　　原告は，令和○○年○○月○○日，御庁に夫婦関係調整調停事件を申し立て（御庁令和
○○年（家イ）第○○○○号），調停では，被告も一度は離婚に合意したものの，親権者の
指定及び慰謝料の支払を巡って対立し，合意は成立しなかったという経緯がある。

9 予想される争点

　　前記の調停の経過等を考えると，被告は，離婚そのものについては異存がないものと思
われるが，親権者の指定，慰謝料，養育費及び財産分与が争点になると予想される。

証　拠　方　法

証拠説明書記載のとおり

添　付　書　類

1　戸籍謄本
2　住民票の写し
3　調停調書（不成立）謄本
4　年金分割のための情報通知書

附　属　書　類

1　訴状副本	1通
2　甲第1号証ないし甲第16号証の写し	各1通
3　証拠説明書（副本）	1通
4　訴訟委任状	1通

【資料2】

訴　　　状

令和○○年○○月○○日
東京家庭裁判所　御中
　　　　　　　　原告訴訟代理人弁護士　　　○　　　○　　　○　　　○　印

　　　〒○○○－○○○○　東京都○○区○○町○丁目○番○号
　　　　　　　　原　　　　告　　　○　　　○　　　○　　　○
　　　〒○○○－○○○○　東京都○○区○○町○丁目○番○号○○ビル
　　　　　　　　○○○法律事務所（送達場所）
　　　　　　　　原告訴訟代理人弁護士　　　○　　　○　　　○　　　○
　　　　　　　　　　　　　電　話　　03－○○○○－○○○○
　　　　　　　　　　　　　ＦＡＸ　　03－○○○○－○○○○
　　　〒○○○－○○○○　東京都○○区○○町○丁目○番○号
　　　　　　　　被　　　　告　　　○　　　○　　　○　　　○

損害賠償請求事件
　　訴訟物の価額　　○○○万円
　　ちょう用印紙額　○○○○円

第1　請求の趣旨
　1　被告は，原告に対し，○○○万円及びこれに対する訴状送達の日の翌日から支払済みまで年3分の割合による金員を支払え。
　2　訴訟費用は被告の負担とする。
第2　請求の原因
　1　原告と訴外○○○○の婚姻
　　　原告と訴外○○○○（東京家庭裁判所平成○○年（家ホ）第○○○号事件離婚請求事件〔以下「本件関連事件」という。〕の被告）は，平成○○年○○月○○日婚姻し，平成○○年○○月○○日長男○○が，平成○○年○○月○○日長女○○が出生した（甲1）。
　2　不法行為
　　　原告と訴外○○○○との婚姻生活は，平成○○年○○月ころまでは何の問題もなく経過した。しかし，同月ころから，訴外○○○○の帰宅時間が遅くなり，休日にも毎日のように出勤するようになった。不審に思った原告が訴外○○○○の携帯電話に受信されたメールの内容を確認したところ，訴外○○○○と被告とが頻繁にメールのやりとりをしていることが判明した。そこで，原告が訴外○○○○に被告との関係を問い詰めたところ，平成○○年○○月ころから被告と継続的に不倫関係にあることを認めた（甲2）。
　　　被告は，訴外○○○○の会社の部下であり，訴外○○○○が原告と婚姻していることを知りながら，不倫関係を継続したものである。そのため，原告と訴外○○○○との婚姻関係は破綻するに至った。
　3　慰謝料請求
　　　原告は，被告の不法行為により，訴外○○○○との婚姻生活を破壊され，多大な精神的

苦痛を受けた。これを慰謝するには，少なくとも〇〇〇万円の慰謝料の支払を相当とする。

4　よって，原告は，被告に対し，不法行為に基づく損害賠償として〇〇〇万円及びこれに対する不法行為の後である訴状送達の日の翌日から支払済みまで民法所定の年3分の割合による遅延損害金の支払を求める。

5　予想される争点

前記経過等から，被告は，不倫関係そのものは認めるものと思われるが，慰謝料の額が争点となるものと思われる。

第3　離婚等請求事件の表示

原告は，訴外〇〇〇〇が被告と不貞行為に及んだことから，もはや訴外〇〇〇〇とは夫婦としてやっていけないと思うに至り，前述のとおり，本件関連事件が御庁家事第6部〇係に係属している。よって，御庁には，本件請求に係る訴えについて管轄があるとともに，その請求原因と本件請求原因は重なり合うので，人事訴訟法8条2項，17条2項，3項に基づき，本件を本件関連事件に併合して審理されたい。

証　拠　方　法

証拠説明書記載のとおり

添　付　書　類

1　住民票の写し

附　属　書　類

1　訴状副本　　　　　　　　　　　　1通
2　証拠説明書（副本）
3　甲第1号証及び甲第2号証（写し）　各1通
4　訴訟委任状　　　　　　　　　　　1通

82

【資料3】

令和○○年（家ホ）第○○○○号　離婚等請求事件　　　　　直送済

原　　告　　○　○　○　○
被　　告　　○　○　○　○

答　弁　書

令和○○年○○月○○日

東京家庭裁判所家事第6部○係　御中

　　　　〒○○○－○○○○　東京都○○区○○町○丁目○番○号○○ビル
　　　　　　　　　○○○法律事務所（送達場所）
　　　　　　被告訴訟代理人弁護士　　○　　　○　　　○　　　○　印
　　　　　　　　　電　話　　03－○○○○－○○○○
　　　　　　　　　ＦＡＸ　　03－○○○○－○○○○

第1　請求及び申立ての趣旨に対する答弁
　1　原告の請求を棄却する。
　2　訴訟費用は原告の負担とする。
第2　請求の原因等に対する認否
　1　請求の原因等1（婚姻の経緯等）の事実は認める。
　2　請求の原因等2（婚姻の破綻〔離婚原因〕）のうち，令和○○年○月○日，原告が長女を
　　連れて実家に戻り，以後別居状態にあることは認める。その余は否認する。原告は育児ノ
　　イローゼになり，勝手に実家に戻ったものであり，被告にその責任を転嫁するのは筋違い
　　というものである。
　3　請求の原因等3（慰謝料請求）は争う。
　4　請求の原因等4（親権者の指定及び養育費）の事実のうち，原告に収入がないこと及び
　　被告が○○株式会社に勤務し，年間約○○○万円の収入を得ていることは認める。その余
　　は否認する。
　5　請求の原因等5（財産分与）のうち，分与対象財産確定の基準日が別居時（令和○○年
　　○月○日）であること，財産分与の割合は2分の1とすべきことは認める。しかし，原告に
　　おいても，婚姻関係財産一覧表に記載された以外に，従前，子の学費のため，夏・冬の
　　ボーナスから各○○万円を支出して，△△銀行に定期預金を有しているはずであるから，
　　その開示と根拠となる資料を提出されたい。また，被告名義の預貯金は，婚姻前から有し
　　ていた特有財産である。
　6　請求の原因等6（年金分割）については特に争わない。
　7　請求の原因等8（調停の経過）のうち，御庁に夫婦関係調整調停事件が係属したことは
　　認める。ただし，原告の主張する調停の経過は事実とは全く異なる。被告は，離婚する理
　　由はないと考えていたものであり，子の将来を考えても，離婚に応じるつもりはなかった。
　　しかし，原告がどうしても離婚したいと主張し，離婚によって原告の精神状態が改善され
　　ることになるのであれば，被告としても離婚に応ずる用意があるが，仮に離婚したとして
　　も被告が慰謝料の支払をする筋合いのものではなく，精神的に不安定な原告に子の監護養
　　育を任せるわけにはいかない旨述べたものである。

第3　被告の主張
　1　原告は，令和○○年○○月○○日長女が出生後，強度のうつ状態が続き，育児ノイロー
　　ゼと診断された（乙1）。被告は，原告に対し，医師の治療を受けることを勧めたが，原告
　　はこれに応じなかった。被告は，○○株式会社の営業職にあり多忙をきわめていたが，で
　　きるだけ育児には参加した。原告はその症状が悪化すると全く家事ができなくなり，一時
　　的にホームヘルパーを依頼したり（乙2），被告の実家から母親の手伝いを頼むなどの対応
　　をしてきた。
　　　令和○○年○○月○○日，被告は取引先との交渉で帰宅が遅くなったが，帰宅してみる
　　と，原告が長女の夜泣きが収まらないといってヒステリーを起こし大騒ぎしていた。そし
　　て，嫌がる長女の身体を強く揺するなどしていたため，被告がそれを制止した。原告は，
　　被告から暴行を受けたと主張するが，そのような事実は一切ない。その夜は，被告は原告
　　と長時間にわたり今後のことを話合い，被告の実家で長女を一時預かることに原告も同意
　　した。しかし，翌日，原告は，被告には何も説明をしないまま，長女を連れて実家に戻っ
　　てしまった。
　2　以上の経緯からして，原告の主張するような離婚原因はなく，被告が慰謝料を支払う義
　　務など全くないものというべきである。
　　　また，原告は，精神的に不安定であり，長女を適切に養育することはできないし，現に，
　　被告の実家で長女を預かることに原告も合意した経緯がある。原告が親権者としての適格
　　性を欠くことは明らかである。
第4　予想される争点
　　　原告の主張する別居に至る経緯は，事実とは全く異なるものであり，婚姻の破綻の有無
　　がそもそも争点となるものと思われる。また，仮に婚姻が破綻していると認められたとし
　　ても，原告名義のその他の預貯金，被告名義の預貯金の特有財産性等についても争点にな
　　り得る。

証　拠　方　法
証拠説明書記載のとおり

附　属　書　類
　1　乙第1号，第2号証（写し）
　2　証拠説明書（副本）
　3　訴訟委任状

【資料4】

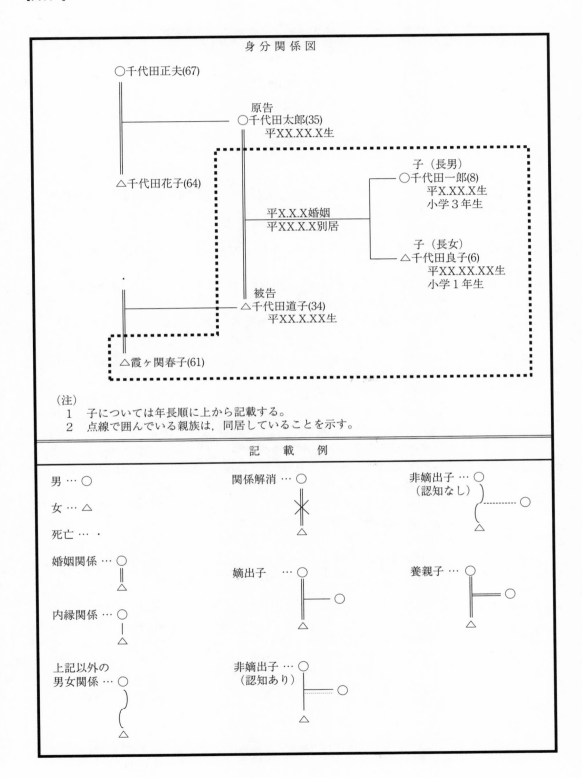

身 分 関 係 図

○千代田正夫(67)

原告
○千代田太郎(35)
平XX.XX.X生

△千代田花子(64)

子（長男）
○千代田一郎(8)
平X.XX.X生
小学3年生

平X.X.X婚姻
平XX.X.X別居

子（長女）
△千代田良子(6)
平XX.XX.XX生
小学1年生

被告
△千代田道子(34)
平XX.X.XX生

△霞ヶ関春子(61)

(注)
1　子については年長順に上から記載する。
2　点線で囲んでいる親族は，同居していることを示す。

記　　載　　例

男 … ○
女 … △
死亡 … ・

関係解消 … ○
✕
△

非嫡出子 … ○
（認知なし）
△

婚姻関係 … ○
△

内縁関係 … ○
△

嫡出子 … ○
○
△

養親子 … ○
○
△

上記以外の
男女関係 … ○
△

非嫡出子 … ○
（認知あり）
○
△

原　告　○　○　○　○

被　告　○　○　○　○

自庁処理申立書

令和○○年○○月○○日

東京家庭裁判所家事第6部　御中

　　　　　　　　原告訴訟代理人弁護士　　○　　○　　○　　○　印

第1　申立ての趣旨

　　　原告は，本日，御庁に，離婚等請求事件を提起したが，同事件を御庁において審理及び裁判することを申し立てる。

第2　申立ての理由

　1　原告は，本日，御庁に，離婚等請求事件（以下「本件事件」という。）を提起し，受理された。

　2　本件事件において，原告の普通裁判籍は○○県○○市であり，被告の普通裁判籍は○○県○○郡○○町にあり，御庁には土地管轄はない。

　3　原告は，本件事件の提起に先立ち，相手方（被告）住所地を管轄していない御庁に，相手方（被告）と管轄の合意をした上，夫婦関係調整調停事件を申し立てた（御庁令和○○年（家イ）第○○○○号）。同調停事件は，令和○○年○○月○○日，合意が成立しないものとして，調停不成立となった。

　4　前記調停においては，合計で○回の調停期日を重ね，原告及び被告はそのいずれの期日にも出頭したが，原告と被告との間の未成年の子○○の親権者の指定を巡って対立し，合意が成立しなかった。

　　　このような調停の経過等に照らせば，本件事件においても，原告と被告との間の未成年の子○○の親権者の指定が争点となると思われるところ，現在，○○は，東京都○○区の原告の実家で原告の実母が監護養育し，地元の保育園に通園している。

　　　したがって，未成年者の福祉を考慮して，子の監護の現状等について事案を解明し，適正な裁判を実現するには，御庁で審理及び裁判することが相当というべきである（人事訴訟法6条，31条）。

　5　以上のとおり，本件事件については，人事訴訟法6条にいう「特に必要があると認める」ときに該当すると思われるので，御庁において審理及び裁判されたい。

【資料6】

令和　　年（家ホ）第　　　　号　　　　　事件
　　　　　　　　　　原　　告
　　　　　　　　　　被　　告
　　　　　　　　　　　　　　　　　　令和　　年　　月　　日

_____殿

　　　　〒100-0013 東京都千代田区霞が関１－１－２（電話 03-3502-8311）
　　　　東京家庭裁判所 家事第６部　　係（内線　　　　　）
　　　　　　　　　裁判所書記官

自庁処理に関する照会書

　原告から，別添申立書のとおり当庁において上記事件の審理判断をされたい旨の申立て（自庁処理の申立て）がありました。当庁には，上記事件の管轄はありません（原告又は被告住所地を管轄する家庭裁判所が本来の管轄裁判所になります。）ので，当庁で上記事件を取り扱うことについてあなたの意見を下記のとおり照会します。
　各事項について回答を記入の上，末尾にあなたの住所，氏名，電話番号を記載し，押印して＿＿月＿＿日までに返送してください。
　　　　　　　　　　　　　　　　　　　記

1　当裁判所において審理判断（自庁処理）することに

　・　賛成である。（２の質問にお答え下さい。）
　・　反対である。（３の質問にお答え下さい。）

2　1で，・賛成であるとされた理由を具体的に記載してください。

3　1で，・反対であるとされた理由を具体的に記載してください。

4　本件を当庁以外の家庭裁判所で審理判断するとした場合どの裁判所が相当ですか。

　・　　　　家庭裁判所（原告住所地を管轄する裁判所）

　・　　　　家庭裁判所（被告住所地を管轄する裁判所）

　・　その他　（　　　　　　　　　）

5　4記載の裁判所への移送の申立てをしますか。

　・　移送の申立てをする。　　・　移送の申立てはしない（裁判所の判断を任せる）。

6　5で，・の申立てをするとされた理由を具体的に記載して下さい。

- -

上記のとおり回答します。
　　令和　　年　　月　　日
　　　　住所（〒　　　—　　　　）

　　　　電話番号　　　　　　　　　　　　（連絡先　　　　　　　　　　　　）

　　　　氏名（署名）　　　　　　　　　　　　　　　　　　　　　　　　　　．

【資料7】

事件番号：令和　　年（　　）第　　　号

訴訟進行に関する照会書（原告用）

東京家庭裁判所家事第6部　　係
TEL：03－3502－8311（内線　　）
FAX：03－3502－8554

　本件の円滑な進行を図るため，下記の照会事項に御回答の上，早急に当部に提出されるよう御協力ください（ファクシミリも可）。
　なお，御回答いただいた書面は，本件の訴訟記録につづり込むこととなります。

（照会事項）
1　郵便による訴状送達の可能性
　　□被告の住所地に，平日，本人又は同居者がいる
　　□被告の住所地に，休日の方が，本人又は同居者がいる
　　□被告の住所不明ということで，公示送達になる見込み
2　被告の就業場所について
　　□判明している（　　　　　　　　　　　　　　　　　　　　　　　　　）
　　□調査したが分からない　　□調査未了
3　被告の欠席の見込み　　□ある　　□ない　　□不明
4　本訴訟前の調停
　　　　裁判所名　　　　　　　　裁判所
　　　　事件番号　令和　　年（　　）第　　　　号
5　調停段階での被告代理人の有無
　　　　□有（代理人名・連絡先　　　　　　　　　　　　　　　　　）
　　　　□無
6　調停の経緯について
①被告の出頭の有無　　□出頭　　□不出頭
②争いのあった事項　　□離婚　　□財産分与　　□慰謝料　　□親権者指定
　　　　　　　　　　　□養育費　　□面接交渉
　　　　　　　　　　　□その他（　　　　　　　　　　　　　　　　　　）
③調査官関与の有無　　□有　　□無
④調停不成立（又は取下げ）の原因（差し支えなければ，簡単に記入してください。）

7　第1回期日前に弁論準備手続に付することについて
　　　□賛成　　□反対　　□その他（　　　　　　　　　　　　　　　）
8　和解について希望があれば記入してください。
　　　□早期の和解勧告　□和解は考えていない
　　　□その他（　　　　　　　　　　　　　　　　　　　　　　　　　）
9　被告の暴力の恐れがあれば記入してください。（被告に対するDV事件があれば，その裁判

所名と事件番号も記入してください。）

10　それ以外の被告との間の別事件の有無
　　　□ある（裁判所名・事件番号・事件の表示　　　　　　　　　　　　　　　）
　　　□ない
11　その他，裁判の進行に関する希望等，参考になることがあれば記入してください。

　　　　　　　　　　　　令和　　年　　月　　日　　回答者氏名＿＿＿＿＿＿＿＿

【資料8】

婚姻関係財産一覧表の作成に当たっての注意事項

○ 項目
- 基準時において存在した資産・負債を原告名義・被告名義に分けて記載してください（特有財産（婚姻前に形成した財産がそのまま残っているものや相続した財産等）であると主張するものについても，項目欄に摘示したうえで，別途備考欄にその旨の記載をしてください。）。
- 共有物件については，「項目」欄に持分割合を記載した上，持分についての評価額を記載してください。
- 住宅ローンについては，不動産との関連を明記してください。

○ 基準時
- 分与対象財産確定の基準時は，一般的には別居時です。

○ 原告と被告の各主張額欄（及び証拠欄）の記載方法
- 原告は原告主張額欄（及びその右側の証拠欄），被告は被告主張額欄（及びその右側の証拠欄）に，それぞれ主張する分与対象財産の評価額・証拠番号を記載してください（相手方の主張額欄等への記載はしないでください）。
- 相手方名義の資産については，わかる範囲で記載していただければ構いません。

○ 分与対象財産の評価額
- 預貯金，負債については，基準時の残高を，不動産や株式等については，現時点での時価（基準時後に売却した場合は売却価格）を評価額とするのが一般的です。
- 生命保険については，基準時における解約返戻金額を評価額とするのが一般的です（ただし，婚姻前の保険料の支払に対応する部分について別途考慮が必要な場合もあります。）。
- 退職金については，基準時において退職したと仮定した場合に支払われる金額（例えば4000万円）に占める同居期間割合（例えば，在職期間20年，うち同居期間15年の場合は，全体の75%である3000万円）を評価額とするのが一般的です。
- 特有財産が混在している場合には，それを控除した金額を記載し，その旨を備考欄に記載してください。

○ 備考欄
- 特有財産であることを主張する場合等，特記事項がある場合は，その旨を簡潔に備考欄に記載してください。主張が長文にわたる場合は，別途準備書面に記載したうえ，準備書面の該当箇所を欄内に付記してください。

* なお，提出された一覧表に穴を開けて記録に綴る関係上，一覧表の左側には2.5センチメートル程度の余白を設けてください。

以　上

【資料9】

令和○○年（家ホ）第○○号 (別紙)

婚 姻 関 係 財 産 一 覧 表 （初回作成例）

令和○○年○月○日　原告作成

原告名義の資産・負債（基準時・令和00年00月00日）

番号	項目		原告主張額	証拠	被告主張額	証拠	備考
1	不動産						
1-1	東京都○区○○○丁目○番地の建物の原告持分2分の1		¥15,000,000	甲1, 2			
2	預貯金						
	金融機関名	種目・口座番号					
2-1	00銀行00支店	定期預金00000000	¥300,000	甲3, 4			130万円のうち100万円は，婚姻前からの預金であり，原告の特有財産【原告・準備書面(1)p5】
3	生命保険						
	保険会社	種別・証券番号					
3-1	00共済	個人年金　00000000号	¥1,000,000	甲5			
4	負債						
	金融機関名						
4-1	00銀行00支店		¥－1,500,000	甲6			
	原告名義の資産・負債の合計		¥14,800,000				

被告名義の資産・負債（基準時・令和00年00月00日）

番号	項目		原告主張額	証拠	被告主張額	証拠	備考
1	不動産						
1-1	東京都○区○○○丁目○番の土地		¥39,000,000	甲1, 2			
1-2	東京都○区○○○丁目○番地の建物の被告持分2分の1		¥15,000,000	甲1, 2			
2	預貯金						
	金融機関名	種目・口座番号					
2-1	00銀行00支店	普通預金	不明				
3	生命保険						
	保険会社	種別・証券番号					
3-1	00生命保険	終身保険	不明				
4	退職金						
4-1	会社名：株式会社○○ 入社：平成○○年○月		不明				
5	株式						
	銘柄	数量					
5-1	○○商事	不明	不明				
	被告名義の資産・負債の合計						
	原告名義・被告名義の資産・負債の合計						

＊　この記載例は，原告が財産分与の申立てをしている事案において，原告が，裁判所から作成の指示を受けた後，初回に作成する一覧表を想定したものです。

【資料10】

令和○○年（家ホ）第○○号

婚 姻 関 係 財 産 一 覧 表 （完成例）

原告名義の資産・負債（基準時・令和00年00月00日）

番号	項目		原告主張額	証拠	被告主張額	証拠	備考
1	不動産						
1-1	東京都○区○○○丁目○番地の建物の原告持分2分の1		¥15,000,000	甲1	¥15,000,000		
2	預貯金						
	金融機関名	種目・口座番号					
2-1	00銀行00支店	定期預金00000000	¥300,000	甲2, 3	¥1,300,000	甲2	130万円のうち100万円は，婚姻前からの預金であり，原告の特有財産【原告・準備書面(1)p5】
3	生命保険						
	保険会社	種別・証券番号					
3-1	00共済	個人年金　00000000号	¥1,000,000	甲4	¥1,000,000		
4	負債						
	金融機関名						
4-1	00銀行00支店		¥-1,500,000	甲5	¥-1,500,000		
	原告名義の資産・負債の合計		¥14,800,000		¥15,800,000		

被告名義の資産・負債（基準時・令和00年00月00日）

番号	項目		原告主張額	証拠	被告主張額	証拠	備考
1	不動産						
1-1	東京都○区○○○丁目○番の土地		¥39,000,000	甲6	¥0	乙1～3	被告が相続したものであり，被告の特有財産【被告・準備書面(2)p4】
1-2	東京都○区○○○丁目○番地の建物の被告持分2分の1		¥15,000,000	甲1	¥15,000,000		
2	預貯金						
	金融機関名	種目・口座番号					
2-1	00銀行00支店	普通預金0000000	¥3,400,000		¥3,400,000	乙4	
2-2	00銀行00支店	普通預金0000000	¥900,000	乙5	¥0	乙5, 6	婚姻前からの預金であり，被告の特有財産【被告・準備書面(2)p5】
3	生命保険						
	保険会社	種別・証券番号					
3-1	00生命保険	終身保険　0000000号	¥2,300,000		¥2,300,000	乙7	
4	退職金						
4-1	会社名：株式会社○○ 入社：平成○○年○月		¥30,000,000		¥30,000,000	乙8	
5	株式						
	銘柄	数量					
5-1	○○商事	100株	¥560,000		¥560,000	乙9	
5-2	○○電力	250株	¥250,000	乙10	¥0	乙10, 11	被告が相続したものであり，被告の特有財産【被告・準備書面(2)p6】
6	負債						
	金融機関名						
6-1	00銀行00支店	1-2の建物の住宅ローン	¥-18,000,000	甲5	¥-20,000,000	乙12	基準時後は原告が返済している【原告・準備書面(3)p4】
	被告名義の資産・負債の合計		¥73,410,000		¥31,260,000		
	原告名義・被告名義の資産・負債の合計		¥88,210,000		¥47,060,000		

＊ この完成例は，原告と被告が一覧表（ひな形）に交互に加筆，整理を重ねて最終的に完成した一覧表を想定したものです。

子の監護に関する陳述書の記載に当たっての注意事項

　裁判所からお渡しする子の監護に関する陳述書記載項目等において指定された項目（■印の
ついた項目）について，記載例を参考にして子の監護に関する陳述書（以下「陳述書」といいます。）を作成してください。※

　この陳述書は，お子さんの生活状況及び今後の監護計画等を把握するためのものです。離婚
原因等についての主張や反論がある場合は，別の書面の提出をご検討ください。

　なお，この陳述書及び提出資料は，親権者について審理する上で重要な参考資料になりますので，必ず指定された期限までに提出してください。

　また，この陳述書及び提出資料は，書証として提出していただきますので，それぞれについ
て書証番号を付した上で，証拠説明書と併せて提出してください。

※　この陳述書は，訴訟の進行に応じて裁判官が提出を指示します。当サイト上の書式では，参考のために陳述書
　記載項目のすべてに■印を付けてあります（現に子を監護していないといった事情により記載できない部分については，省いていただいて構いません。）。なお，提出資料欄に記載されている書面は，追って提出が必要となる
　可能性がありますので，お手もとに準備されておくとその際にスムーズです。

＊　なお，提出された書面に穴を開けて記録に綴る関係上，書面の左側には2.5センチメートル程度の余白を設け
　てください。

【資料12】

令和　年（家ホ）　　号（原告 被告）　　反訴 令和　年（家ホ）　　号（原告 被告）

子の監護に関する陳述書記載項目等

※　陳述書及び資料は，書証として提出してください。　　　　　　提出期限：令和　　年 月 日
　（相手に知られたくない情報は，マスキングするなどの工夫をしてください。また，民事訴訟法第133条1項の決
　定がされている場合は，代替事項を記載してください。）

	陳述書記載項目	提出資料
あなたの生活状況	■生活歴 （学歴，職歴，婚姻及び離婚その他生活歴上の主要な出来事）	□
	■現在の職業の状況 （勤務先，業務内容，職務内容，勤務時間，休日，残業の頻度）	□
	■経済状況（主な収入と支出）	□源泉徴収票，確定申告書，給与明細等 □
	■健康状態（現在の心身の状況，既往症）	□診断書 □
	■同居者とその状況（氏名，年齢，続柄，職業，健康状態）	□
	■住居の状況（間取り，利用状況，近隣の環境）	□間取り図 □最寄り駅から住宅までの地図
お子さんの状況	■生活歴 （同居家族，居住地，保育園・幼稚園・学校名） ■これまでの監護状況 （日常の衣食住やしつけについて誰がどのように世話をしてきたか） ア　出生～別居，イ　別居～現在	□
	■一日の生活スケジュール（平日及び休日）	□
	■心身の発育状況，健康状態及び性格 （出生から現在までの状況，既往症がある場合は治療状況）	□母子健康手帳 （保管している方が提出してください） □診断書
	■現在の通園・通学先における状況 （園・学校名，所在地，出席状況）	□園の連絡帳，学校の通知表 　□令和　年度～　年度分 　□過去　年分
	■父母の紛争に対する認識，あなたからお子さんへの説明	
	■別居後の，同居していない親とお子さんとの交流の状況 （面会・手紙等の交流の状況）	□
監護補助者	■監護補助者について （現在，監護を補助している方又は今後の補助を予定している 方。氏名，年齢，住所，続柄，職業，健康状態）	□ □
	■具体的な監護補助の状況	□
監護計画	■親権者となった場合の具体的な監護計画 ■親権者となった場合，親権者でない親とお子さんとの交流について考え	□ □
その他	※　お子さんの監護に関して，参考となる事項があればお書きください。	□ □

(注) 資料は例示の他に必要に応じて添付してください。
　　　監護補助者については，日常的にお子さんの監護を補助している方，又は今後監護を補助する予定の方がい
　　　る場合に記載してください。

【資料13】

子の監護に関する陳述書の記載例

令和○年○月○日

氏名　○　○　○　○　印

1　あなたの生活状況

（1）生活歴（学歴，職歴，婚姻及び離婚その他生活歴上の主要な出来事）

平成○○年3月　　　　　○○高校卒業

平成○○年4月　　　　　○○株式会社に入社

平成○○年○月　　　　　○○株式会社を退社

同年　　　○月○日　　　被告と婚姻。○○県○○市の被告の実家で，被告及び被告の父母と生活

平成○○年○月　　　　　○○商事に入社

平成○○年○月　　　　　○○商事を退社

同年　　　○月○日　　　子○○出生

令和○○年○月○日　　　被告及び子と共に，東京都○○区のマンションに転居

令和○○年○月○日　　　被告と別居。子と共に，○○区の賃貸アパートに転居

同年　　　○月　　　　　株式会社○○　○○支社に入社

（2）現在の職業の状況（勤務先，業務内容，職務内容，勤務時間，休日，残業の頻度）

勤務先　　　株式会社○○　○○支社（東京都○○区所在）

業務内容　　○○の製造及び販売業

職務内容　　営業職。得意先回りが多い。

勤務時間，休日，残業の頻度

毎週月曜日から金曜日まで出勤する。勤務時間は，午前9時から午後5時までである。休日出勤はほとんどないが，月末は多忙であり，年に二，三回休日出勤する。残業は，週に2回程度あり，1回の残業は1時間ほどである。通勤時間は片道約45分である。

（3）経済状況（主な収入と支出）

収入

給与収入　　　　　　　　月収○○○,○○○円

被告からの婚姻費用　　　月額○○○,○○○円

合計　　　　　　　　　　月額○○○,○○○円

賞与　　　　　　　　　　年間○○○,○○○円

支出（月額）

家賃　　　　　　　　　　○○○,○○○円

水道光熱費　　　　　　　○○,○○○円

食費　　　　　　　　　　○○,○○○円

保育園費用　　　　　　　○○,○○○円

ピアノ月謝　　　　　　　○○,○○○円

……　　　　　　　　　　○○,○○○円

合計　　　　　　　　　　○○○,○○○円

96

(4) 健康状態（現在の心身の状況，既往症）

　　高血圧により，毎月1回○○医院（内科）に通院し，1日2回降圧剤を服用している。

　　不眠により，平成○○年○月から毎月1回○○病院（心療内科）に通院し，同年○月まで，睡眠薬及び安定剤を服用していた。症状が軽快したため，平成○○年○月から通院していない。それ以降，特に自覚症状はない。

(5) 同居者とその状況（氏名，年齢，続柄，職業，健康状態）

　　子　　△△一郎(4)　平成○○年○月○日生　　保育園児

(6) 住居の状況（間取り，利用状況，近隣の環境）

　　間取りは，甲第○号証（間取り図）のとおり。間取り図の洋室1を子ども部屋として使い，洋室2を原告と子の寝室として使っている。

　　子の保育園は自転車で5分の距離にある。

2　お子さんの状況

(1) 生活歴（同居家族，居住地，保育園・幼稚園・学校名）

　　令和○○年○月○日　　　　子○○出生。○○県○○市の被告の実家で，原告，被告及び被告の父母と生活。

　　令和○○年○月○日　　　　東京都○○区の原告及び被告の共有名義のマンションに転居。原告及び被告と生活。

　　令和○○年○月○日　　　　私立○○幼稚園に入園

　　令和○○年○月○日　　　　原告と共に，○○区の賃貸アパートに転居。○○区立○○保育園に入園した。原告と生活。

(2) これまでの監護状況（日常の衣食住やしつけについて誰がどのように世話をしてきたか）

　　ア　出生～別居

　　　　原告が，授乳，オムツ換え，寝かしつけ，検診や病院の受診などを主に行っていた。被告は，仕事から帰宅後，子を風呂に入れたり，週に二，三回オムツを替えたりしていた。幼稚園への送迎や行事参加も原告が行った。運動会と父親参観には被告も参加した。

　　イ　別居～現在

　　　　近所に住む原告の母及び原告の妹の補助を受けて，原告が子の世話をしている。原告は，保育園の送迎を行い，保育園行事にも参加している。

(3) 一日の生活スケジュール（平日及び休日）

【平日】

　　6：45　　子が起床する。

　　7：00　　原告と一緒に朝食をとる（メニューはトーストと玉子，牛乳など）。

　　8：10　　原告と保育園に向かう。

　　17：50　　原告が保育園に迎えに来る。

　　18：00　　原告と帰宅。テレビを見たり，遊んだりする。

　　19：00　　原告と一緒に夕食をとる。夕食後，原告と遊ぶ。

　　20：00　　原告と一緒に入浴する。

　　21：00　　就寝する。

【休日】

　　8：00　　子が起床する。

　　8：15　　原告と一緒に朝食をとる。

　　9：00　　原告が洗濯や掃除などをする間，お絵描きしたり，絵本を読むなどして遊ん

でいる。
　　　12：00　　原告と一緒に昼食をとる（外食することもある。）。
　　　13：30　　原告と一緒に近くの公園に遊びに行ったり，買物に行ったりする。
　　　16：00　　帰宅する。
　　　18：30　　原告と一緒に夕食をとる。
　　　19：30　　原告と一緒に入浴する。
　　　21：00　　就寝する。
　(4)　心身の発育状況，健康状態及び性格（出生から現在までの状況，既往症がある場合は治
　　療状況）
　　　ア　病歴
　　　　　出生後数日して黄だんが出たが，治療を要せずすぐ治まった。
　　　　　3歳ころから，アトピーの症状が出て，皮膚科を受診したところアトピー性皮膚炎の
　　　　診断を受けた。以後，定期的に通院しており，現在は月2回通院し，内服薬と塗り薬を
　　　　処方されている。腕や脚の関節部分に症状が見られるが，それ以外は目立つ症状はない。
　　　　アレルギー検査の結果は甲第○号証を参照。
　　　　　アトピー性皮膚炎のほかは，たまに風邪をひくくらいで目立った病歴はない。
　　　　　予防接種は，これまでのところすべて接種済みである。（甲第○号証参照）
　　　イ　発育，発達，性格
　　　　　生後3〜4か月で首がすわり，1歳で歩行ができた。おむつは，3歳のころにほぼ外れ，
　　　　4歳では完全に外れた。トイレに自分で行って用を足すことができ，おねしょもたまに
　　　　する程度でほとんどない。言葉は1歳半ころから「パパ」，「ママ」などの発語が見られ，
　　　　3歳ころから急激に語彙が増え，現在はかなりやりとりができる。服の着脱も自分で行
　　　　える。これまで発育は順調で，これといった問題はない。
　　　　　明るく，人見知りもしない。
　(5)　現在の通園・通学先における状況（園・学校名，所在地，出席状況）
　　　保育園名　　　　○○区立○○保育園
　　　所在地　　　　　○○区○○○1-1-1
　　　電話　　　　　　03-○○○○-○○○○
　　　出席状況　　　　月曜日から金曜日まで通園している。今年度は，発熱等により，3日欠席
　　　　　　　　　　した。発熱により，早退したことが1回ある。
　(6)　父母の紛争に対する認識，あなたからお子さんへの説明
　　　　　別居の時に「パパとママはけんかして，一緒に住めないので別々に暮らす。」と説明し
　　　た。その後，子から被告のことを聞かれたことはないが，原告と被告がうまくいっていな
　　　いことは何となく分かっているようだ。調停や裁判のことについては，まだ説明していな
　　　い。「パパと話合いをしている。」とは話したが，どんな話合いをしているかは理解できて
　　　いないようである。
　(7)　別居後の，同居していない親とお子さんとの交流の状況（面会・手紙等の交流の状況）
　　　　　子は，令和○○年○月から毎月1回，日曜日に被告と面会している。これまでに20回く
　　　らい面会した。面会時には，原告は立ち会わない。面会の前後で子に変わった様子はない。

3　監護補助者
　(1)　監護補助者について（現在，監護を補助している方又は今後の補助を予定している方。
　　　氏名，年齢，住所，続柄，職業，健康状態）

・母　○○花子（60）　昭和○○年○月○日生　　パート

　　　住所　○○区○○1-1-1

　　　心臓病により，平成○○年○月から1か月間入院した。現在も月1回通院，服薬している。

・妹　○○美幸（25）　平成○○年○月○日生　　アルバイト

　　　住所　○○区○○2-2-2

　　　健康状態に問題はない。

(2)　具体的な監護補助の状況

　　　母は，原告宅から徒歩5分の場所に住んでおり原告が仕事の都合で保育園の迎えに行けないときは，原告の代わりに迎えに行き，夕食の用意をする。母が保育園の迎えに行くことは，月に三，四回ある。

　　　妹は，原告宅から自転車で10分の場所に住んでおり，週末に，原告と一緒に子を連れて遊びに出掛けたり，子の遊び相手をする。

4　監護計画

(1)　親権者となった場合の具体的な監護計画

【※同居している親の場合の例】

　　　引き続き現在の住居に住み，原告の母及び原告の妹の補助を受けながら，監護を続ける予定である。現在の監護態勢から変わる予定はない。

【※同居していない親の場合の例】

　　　現住居に子を引取り，監護していく。保育園は，近くの△△区立△△保育園に転園させる予定である。親権者となった場合は，被告が保育園に送り，近所に住む被告の母が迎えに行く。平日の夕食は被告の母が作り，朝食や休日の食事は被告が行う。

(2)　親権者となった場合，親権者でない親とお子さんとの交流についての考え

　　　これまでどおり，毎月1回，被告と子が交流することは構わない。

5　その他【※お子さんの監護に関して，参考となる事項があればお書きください。】

別紙　間取り図

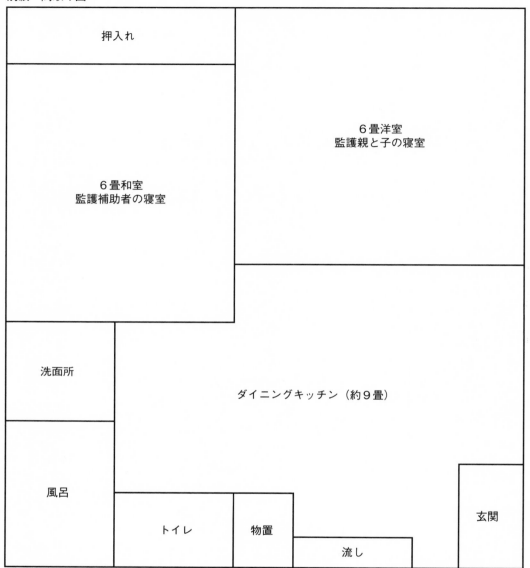

押入れ

6畳洋室
監護親と子の寝室

6畳和室
監護補助者の寝室

洗面所

ダイニングキッチン（約9畳）

風呂

トイレ

物置

流し

玄関

お子さんに対する調査について

調査の目的

調査官がお子さんとお会いするのは、お子さんの日常生活の様子を見せていただいたり、おこさんとお話をしたりして、おこさんの状況等を把握するためです。おこさんの年齢、状況、生活リズム等を考慮して、家庭裁判所に来てもらうこともありますし、家庭訪問することもあります。

＜おこさんと一緒に生活している親御さんへ＞

おこさんに対する調査では、できるだけおこさんが負担を感じずに自然な雰囲気の中で行動したりお話をしたりすることが大切です。そこで、次のことについて、ご協力をお願いします。

調査の前に

調査官と会うことについて、おこさんが安心できるよう、事前に説明してください。例えば、どんな人が、いつ、どこで、何のためにおこさんと会うかなどについて、おこさんに応じてお話しください。

調査の後に

調査官から何を聞かれたか、どのように答えたかなどをおこさんに尋ねることは、おこさんの情操上望ましくありませんので、十分にご配慮ください。

＜おこさんと別に生活している親御さんへ＞

おこさんに対する調査は、おこさんの年齢や状況などを考慮して、おこさんが自然に行動したりお話をしたりできるような形で行います。おこさんと会うためには同席をご遠慮いただくこと原則として、あなたや弁護士の方には同席をご遠慮いただくこととなっておりますので、ご理解ください。

調査に際して

○ おこさんの調査には、原則として、代理人である弁護士の方には同席をご遠慮いただくこととなっております。

○ 必要に応じて、親御さんにご席を外していただいて、おこさんと調査官だけでお話をすることもありますので、あらかじめご了承ください。

日時の変更について

おこさんが体調を崩すなど、やむを得ない理由で調査の日時を変更してはならない事情が生じた場合には、速やかに担当調査官までご連絡ください。

東京家庭裁判所家事第6調査官室
電話 ０３ー●●●●ー●●●●（直通）

調査官が家庭訪問する場合のお願い

○ 調査の際にご家族にご在宅をお願いする場合があります ので、ご協力ください。

○ 調査官とおこさんだけでお話できる部屋や場所のご用意をお願いすることがありますので、ご協力ください。

調査結果について

調査結果については、調査官が調査報告書を作成して裁判官に報告します。子の利益を害するおそれがあるなど法律（人事訴訟法第３５条）で定められた場合を除いて、閲覧等をすることができます。

（表1）養育費・子1人表（子0～14歳）

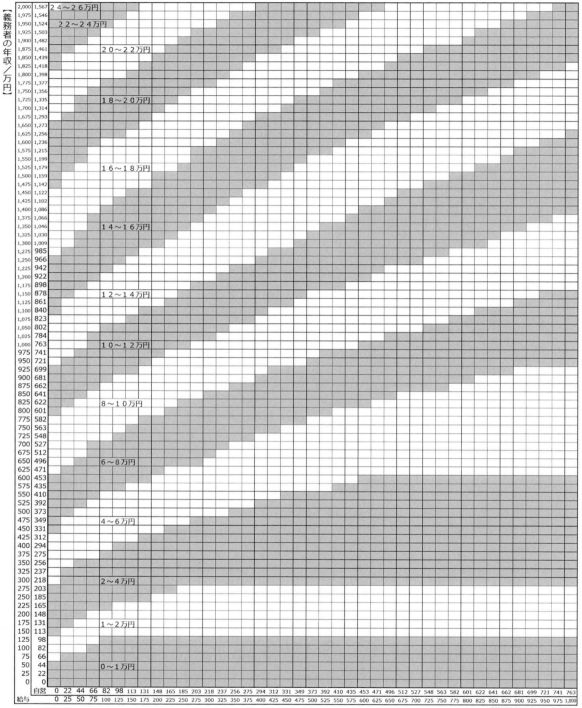

＊司法研修所編『養育費，婚姻費用の算定に関する実証的研究』（法曹会，2019）より転載

（表2）養育費・子1人表（子15歳以上）

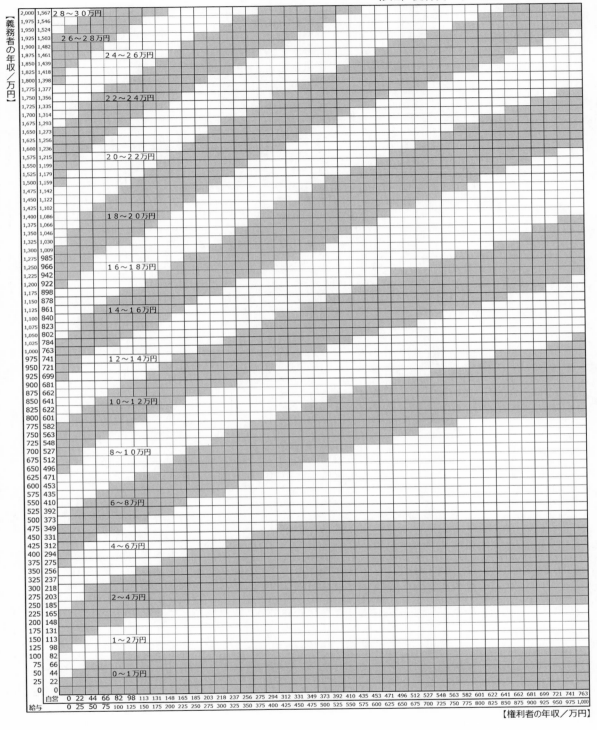

【義務者の年収／万円】

【権利者の年収／万円】

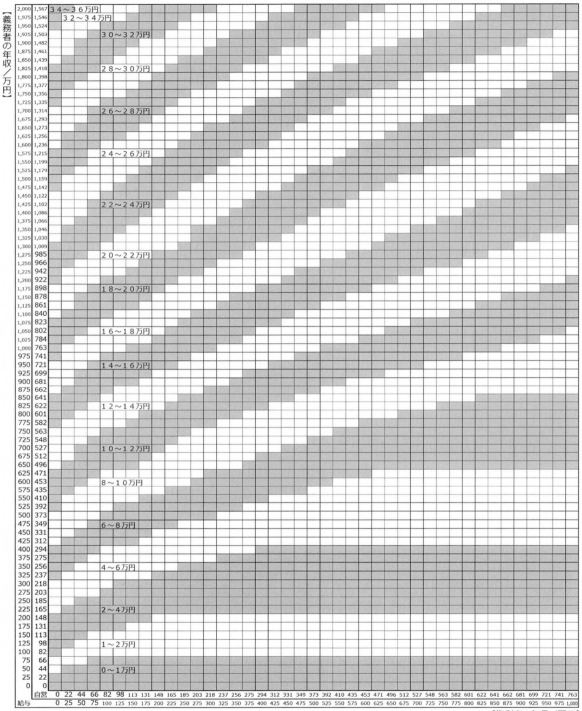

(表3) 養育費・子2人表（第1子及び第2子0～14歳）

【義務者の年収／万円】

【権利者の年収／万円】

（表4）養育費・子2人表（第1子15歳以上，第2子0〜14歳）

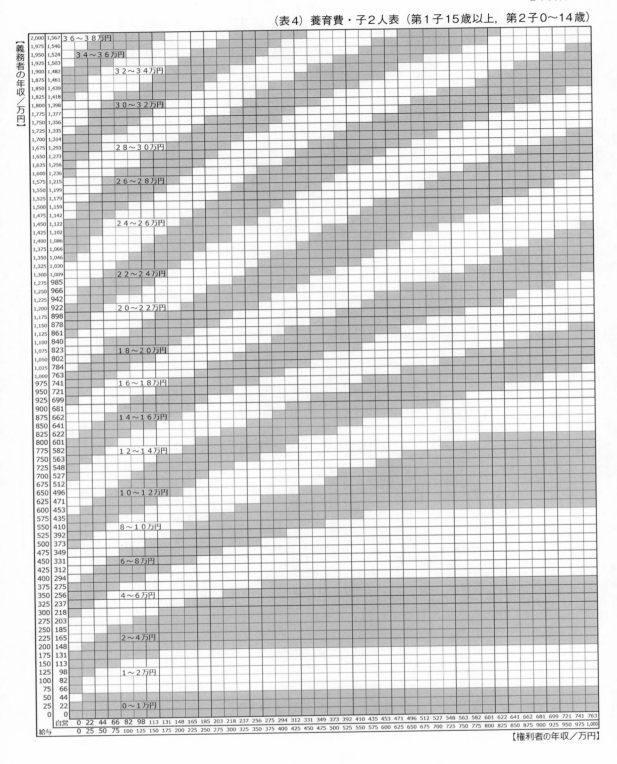

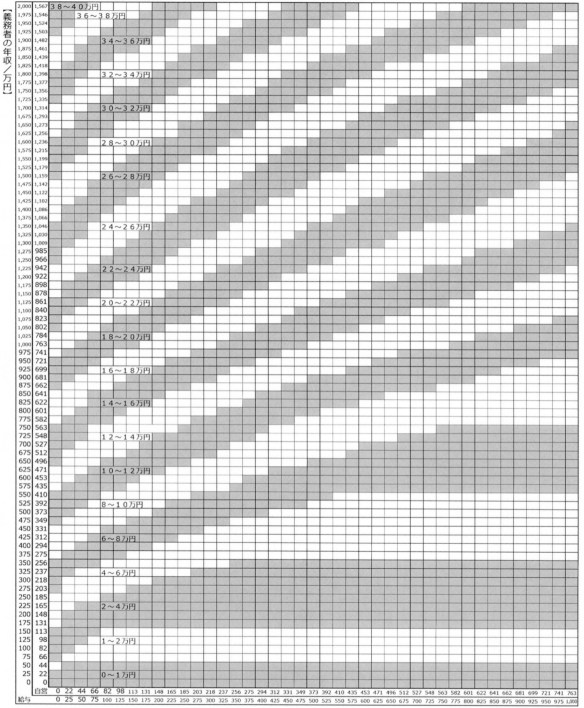

【義務者の年収／万円】

【権利者の年収／万円】

（表6）養育費・子3人表（第1子，第2子及び第3子0～14歳）

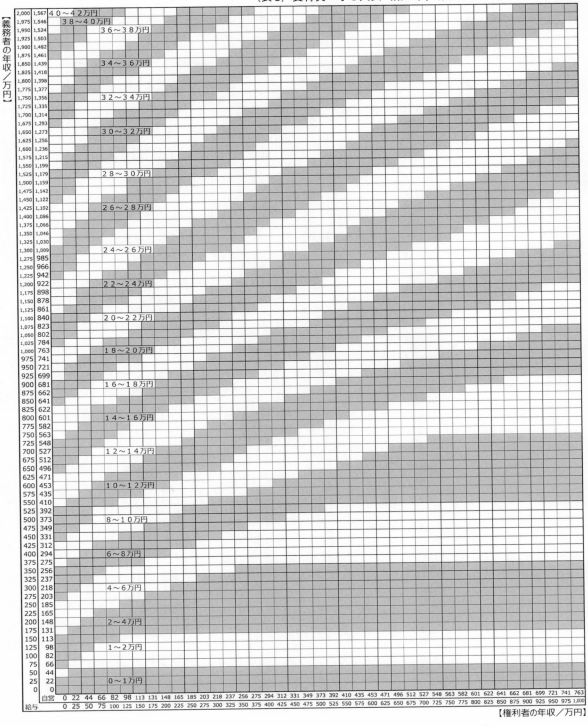

（表7）養育費・子3人表（第1子15歳以上，第2子及び第3子0～14歳）

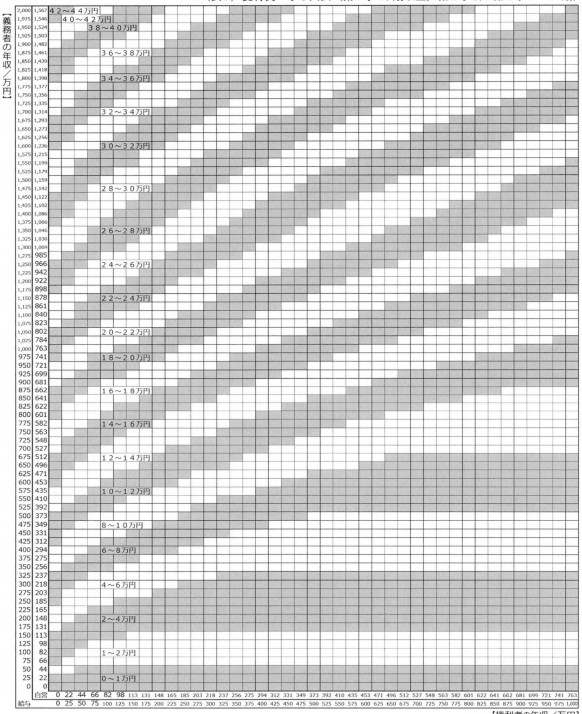

【義務者の年収／万円】

【権利者の年収／万円】

108

（表8）養育費・子3人表（第1子及び第2子15歳以上，第3子0～14歳）

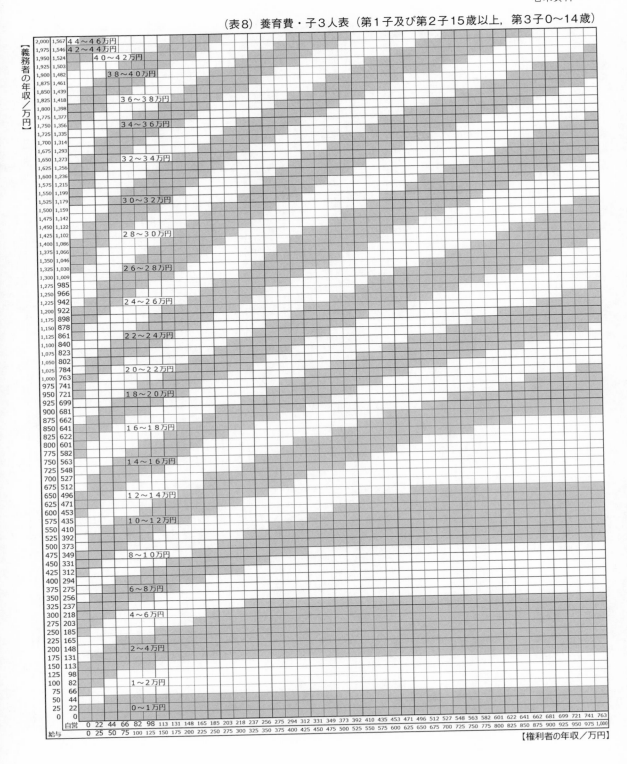

【義務者の年収／万円】

【権利者の年収／万円】

（表9）養育費・子3人表（第1子，第2子及び第3子15歳以上）

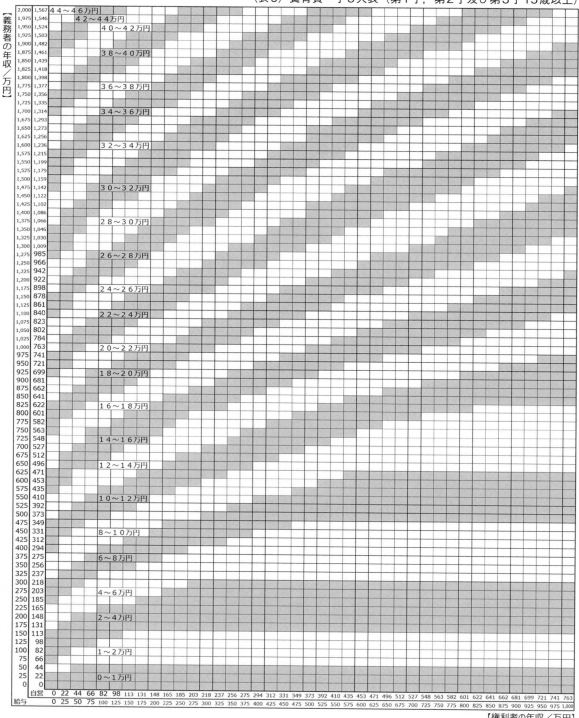

（表10）婚姻費用・夫婦のみの表

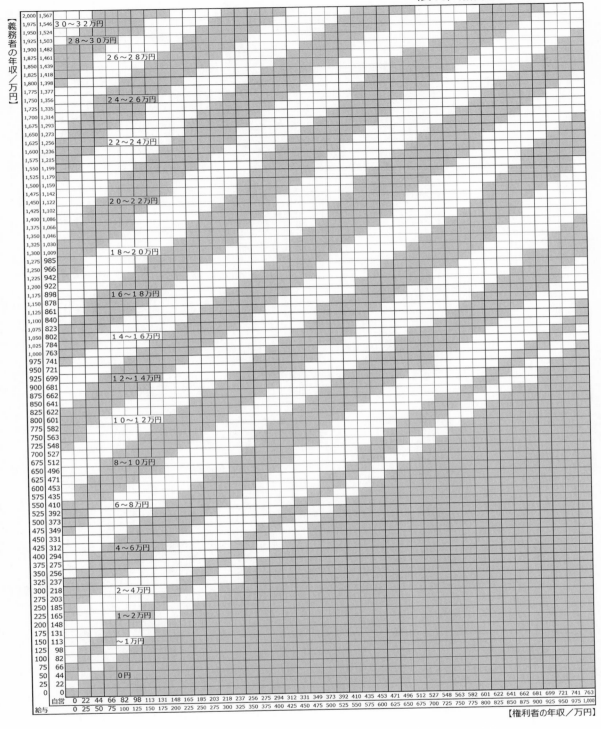

【義務者の年収／万円】

【権利者の年収／万円】

【義務者の年収／万円】

給与	自営
2,000	1,567
1,975	1,546
1,950	1,524
1,925	1,503
1,900	1,482
1,875	1,461
1,850	1,439
1,825	1,418
1,800	1,398
1,775	1,377
1,750	1,356
1,725	1,335
1,700	1,314
1,675	1,293
1,650	1,273
1,625	1,256
1,600	1,236
1,575	1,215
1,550	1,199
1,525	1,179
1,500	1,159
1,475	1,142
1,450	1,122
1,425	1,102
1,400	1,086
1,375	1,066
1,350	1,046
1,325	1,030
1,300	1,009
1,275	985
1,250	966
1,225	942
1,200	922
1,175	898
1,150	878
1,125	861
1,100	840
1,075	823
1,050	802
1,025	784
1,000	763
975	741
950	721
925	699
900	681
875	662
850	641
825	622
800	601
775	582
750	563
725	548
700	527
675	512
650	496
625	471
600	453
575	435
550	410
525	392
500	373
475	349
450	331
425	312
400	294
375	275
350	256
325	237
300	218
275	203
250	185
225	165
200	148
175	131
150	113
125	98
100	82
75	66
50	44
25	22
0	0

帯ラベル（高年収側→低年収側）：
38～40万円 / 36～38万円 / 34～36万円 / 32～34万円 / 30～32万円 / 28～30万円 / 26～28万円 / 24～26万円 / 22～24万円 / 20～22万円 / 18～20万円 / 16～18万円 / 14～16万円 / 12～14万円 / 10～12万円 / 8～10万円 / 6～8万円 / 4～6万円 / 2～4万円 / 1～2万円 / ～1万円 / 0円

自営 0 22 44 66 82 98 113 131 148 165 185 203 218 237 256 275 294 312 331 349 373 392 410 435 453 471 496 512 527 548 563 582 601 622 641 662 681 699 721 741 763

給与 0 25 50 75 100 125 150 175 200 225 250 275 300 325 350 375 400 425 450 475 500 525 550 575 600 625 650 675 700 725 750 775 800 825 850 875 900 925 950 975 1,000

【権利者の年収／万円】

（表12）婚姻費用・子1人表（子15歳以上）

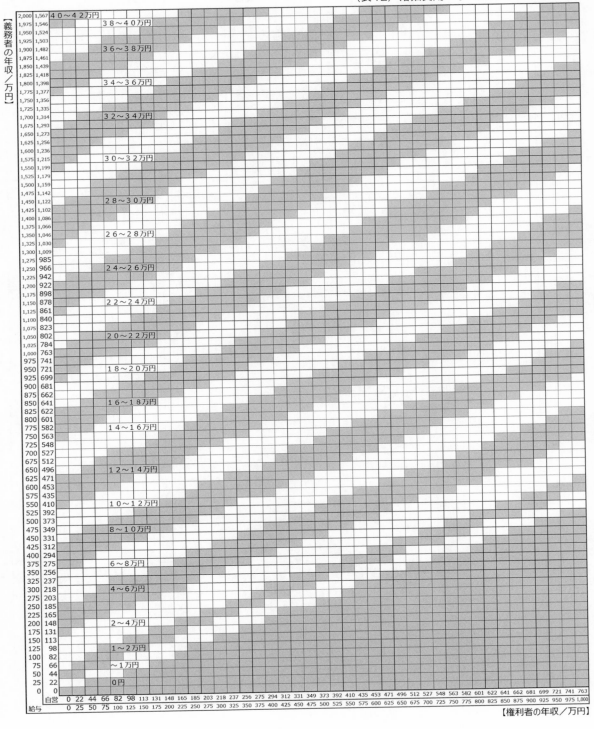

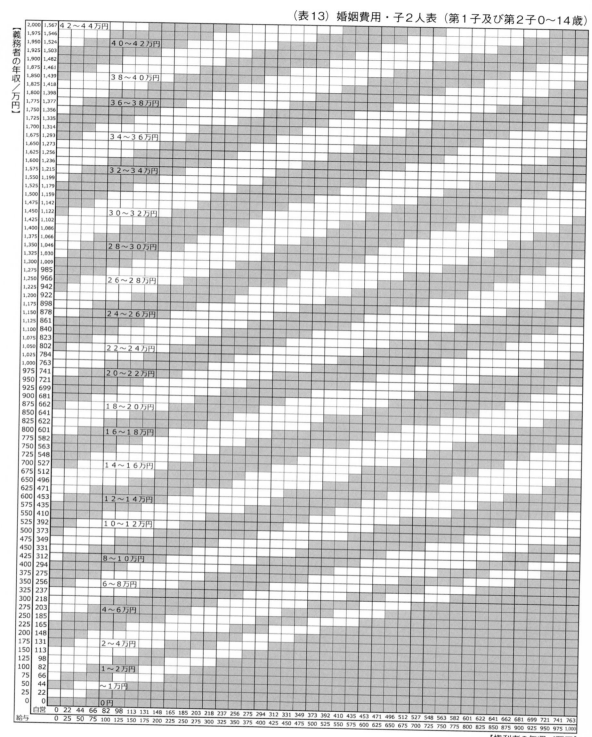

(表13) 婚姻費用・子2人表（第1子及び第2子0〜14歳）

【義務者の年収／万円】

【権利者の年収／万円】

114

（表14）婚姻費用・子2人表（第1子15歳以上，第2子0〜14歳）

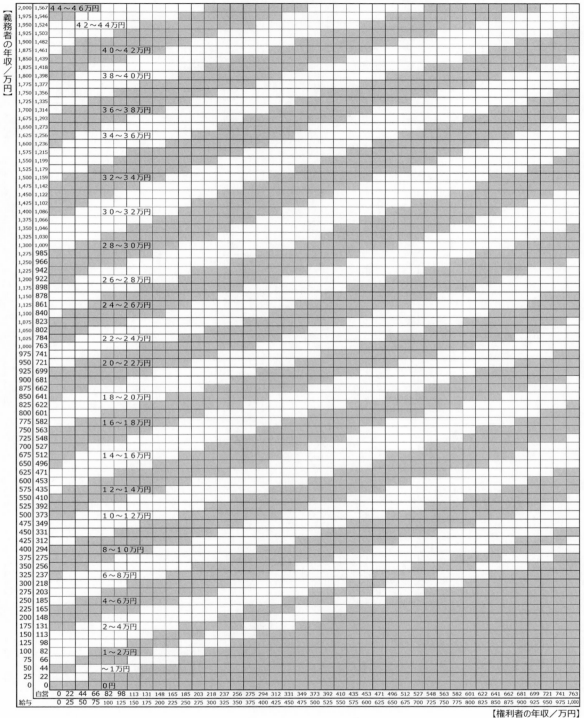

【義務者の年収／万円】

【権利者の年収／万円】

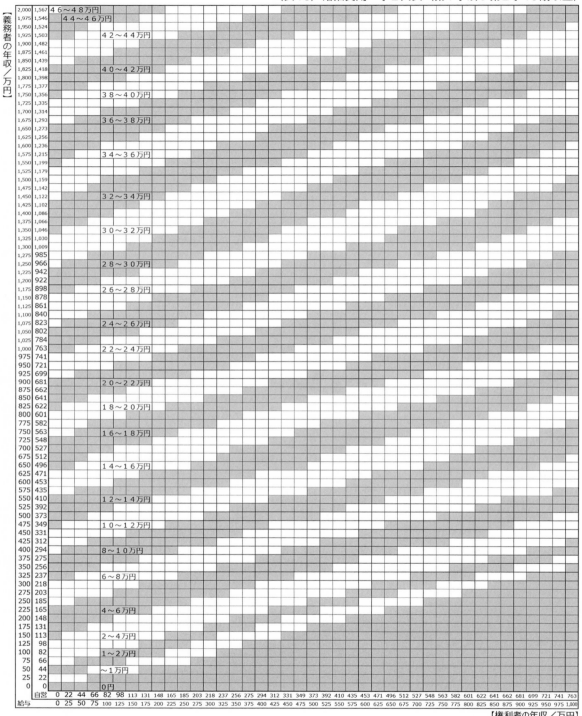

（表15）婚姻費用・子２人表（第１子及び第２子15歳以上）

【義務者の年収／万円】

【権利者の年収／万円】

116

(表16) 婚姻費用・子3人表（第1子，第2子及び第3子0～14歳）

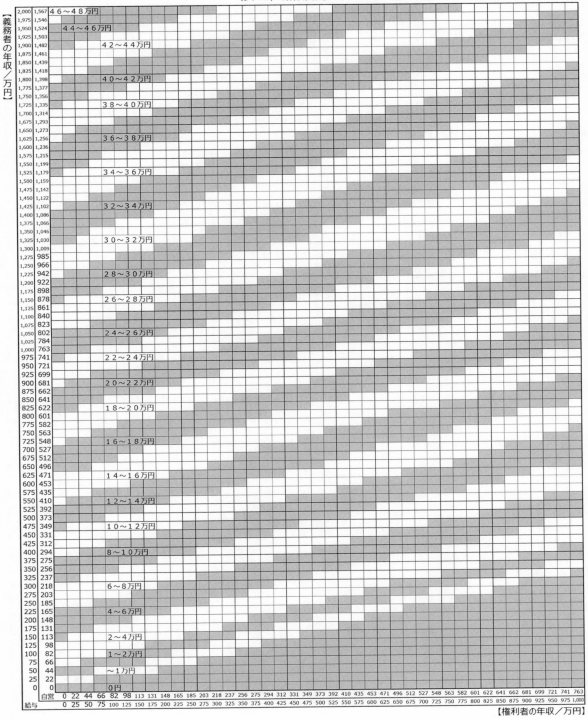

（表17）婚姻費用・子3人表（第1子15歳以上，第2子及び第3子0〜14歳）

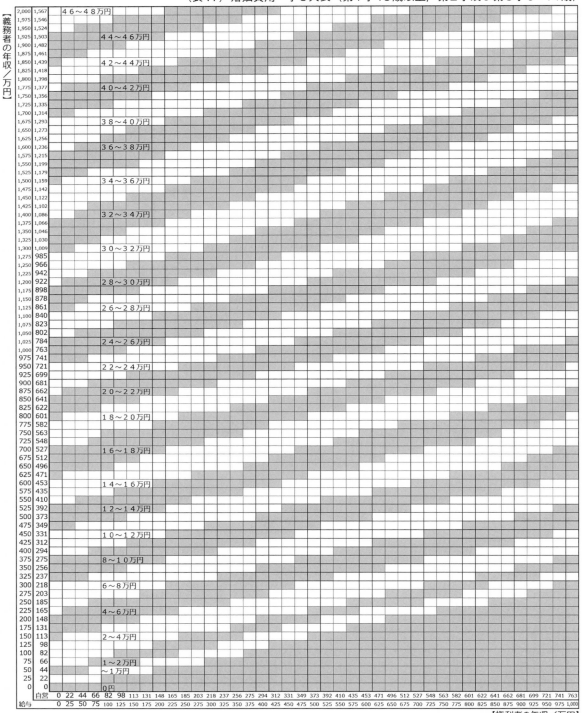

118

（表18）婚姻費用・子3人表（第1子及び第2子15歳以上，第3子0～14歳）

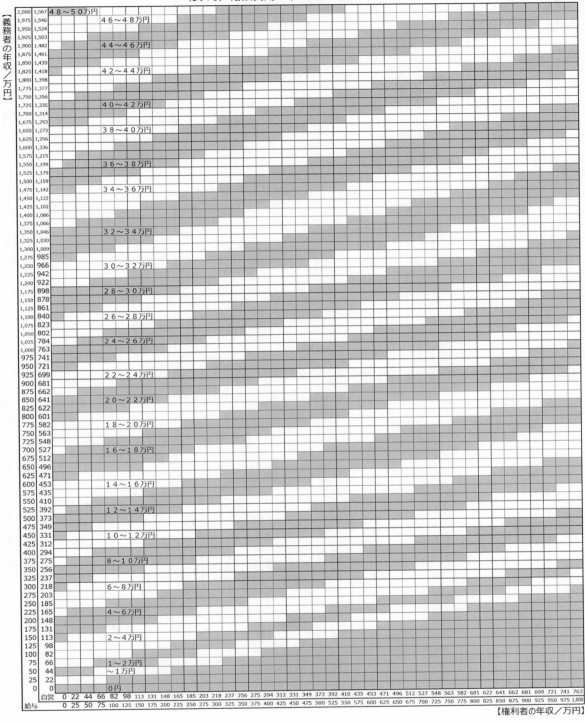

【権利者の年収／万円】

（表19）婚姻費用・子3人表（第1子，第2子及び第3子15歳以上）

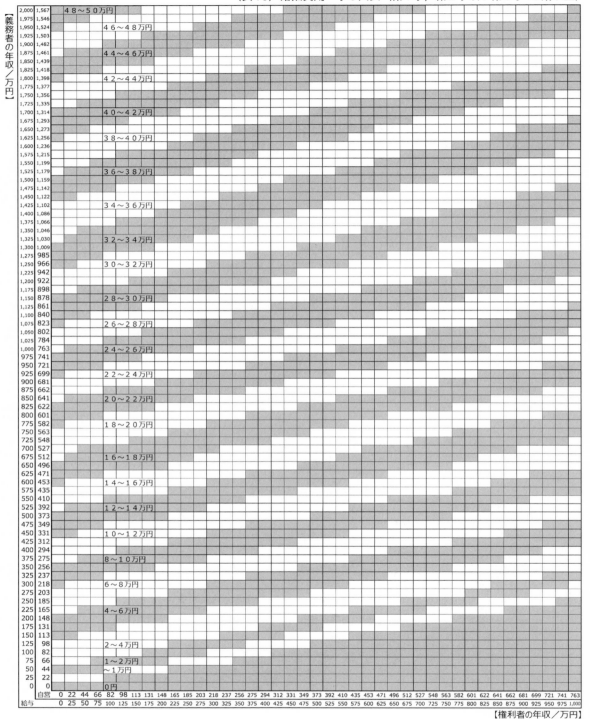

【義務者の年収／万円】

【権利者の年収／万円】

120

【資料16】

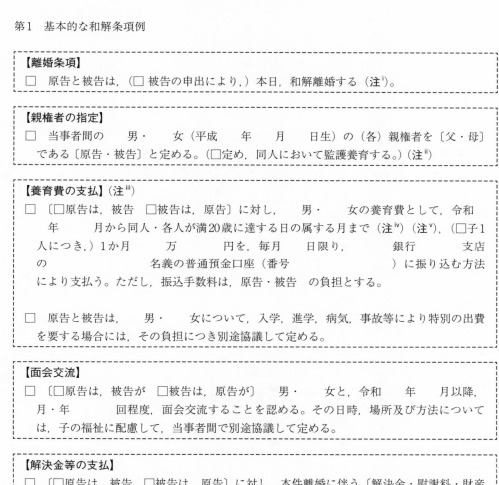

和解条項例とその解説

第1　基本的な和解条項例

【離婚条項】
□　原告と被告は，（□被告の申出により，）本日，和解離婚する（注ⁱ）。

【親権者の指定】
□　当事者間の　　男・　　女（平成　　年　　月　　日生）の（各）親権者を〔父・母〕である〔原告・被告〕と定める。（□定め，同人において監護養育する。）（注ⁱⁱ）

【養育費の支払】（注ⁱⁱⁱ）
□　〔□原告は，被告　□被告は，原告〕に対し，　　男・　　女の養育費として，令和　　年　　月から同人・各人が満20歳に達する日の属する月まで（注ⁱᵛ）（注ᵛ），（□子1人につき，）1か月　　万　　円を，毎月　　日限り，　　銀行　　支店の　　名義の普通預金口座（番号　　）に振り込む方法により支払う。ただし，振込手数料は，原告・被告　の負担とする。

□　原告と被告は，　　男・　　女について，入学，進学，病気，事故等により特別の出費を要する場合には，その負担につき別途協議して定める。

【面会交流】
□　〔□原告は，被告が　□被告は，原告が〕　　男・　　女と，令和　　年　　月以降，月・年　　回程度，面会交流することを認める。その日時，場所及び方法については，子の福祉に配慮して，当事者間で別途協議して定める。

【解決金等の支払】
□　〔□原告は，被告　□被告は，原告〕に対し，本件離婚に伴う〔解決金・慰謝料・財産分与〕（注ᵛⁱ）として　　万　　円の支払義務があることを認め，これを令和　　年　　月　　日限り，　　銀行　　支店の　　名義の普通預金口座（番号　　）に振り込む方法により支払う。ただし，振込手数料は，原告・被告　の負担とする。

【財産分与（不動産）】
□　（一方当事者が単独で所有している場合）
　〔□原告は，被告　□被告は，原告〕に対し，本件離婚に伴う財産分与として，本日，別紙物件目録記載の不動産を分与することとし，同不動産につき，本日付け財産分与を原因とする所有権移転登記手続をする。その登記手続費用は，原告・被告の負担とする（注ᵛⁱⁱ）。

□　（夫婦の共有となっている場合）

　　〔□原告は，被告　□被告は，原告〕に対し，本件離婚に伴う財産分与として，本日，別紙物件目録記載の不動産の　　　　　分の　　　　　　の原告・被告共有持分全部を分与することとし，同不動産につき，本日付け財産分与を原因とする原告・被告共有持分全部移転登記手続をする。その登記手続費用は，原告・被告の負担とする。

【年金分割】

□　（和解期日までに情報通知書の提出がある場合）

　　原告と被告との間の別紙年金分割のための情報通知書記載の情報に係る年金分割についての請求すべき按分割合を0.5と定める。

□　（和解期日までに情報通知書を取得できなかった場合）

　　〔□原告は，被告　□被告は，原告〕に対し，別途，原告と被告との間の年金分割についての請求すべき按分割合に関する処分の審判又は調停の申立てをし，〔□被告は　□原告は〕，これにつき按分割合を0.5と定めることに合意する。

【清算条項】

□　原告及び被告は，本件離婚に関し，原告と被告との間には，本和解条項に定めるほか，何らの債権債務がないことを相互に確認する（注 viii）。

第2　その他の和解条項例

1　住宅ローンに関する和解条項例

【夫婦の一方が住宅ローンを支払う旨約する場合】

□　〔原告は，被告・被告は，原告〕に対し，債権者を　　　　　　　　，債務者を〔原告（及び）被告〕とする平成　　年　　月　　日付け消費貸借契約に基づく借入金債務（以下「本件住宅ローン債務」という。）の残債務を，〔原告・被告〕が（令和　年　月の支払分から）責任をもって支払うことを約する。

□　〔原告・被告〕は，債権者を　　　　　　　　　　　とし，債務者を〔被告・原告〕とする平成　　年　　月　　日付け金銭消費貸借契約の残債務（令和　年　月　　日現在，金　　　　　　　　円）の履行を〔併存的に〕引き受ける。

【相手方が一部弁済等を余儀なくされた場合について定める場合】

□　〔原告・被告〕が本件住宅ローン債務の全部又は一部の弁済（強制執行等による場合を含む。以下同じ）を余儀なくされたときは，〔原告は，被告・被告は，原告〕に対し，その弁済額及びこれに対する弁済日の翌日から支払済みまで年3分の割合による遅延損害金を支払うことを約する。

【相手方が競売を余儀なくされた場合について定める場合】

□　〔原告・被告〕が本件住宅ローン債務の弁済を怠り，本件不動産が競売されたときは，〔原告は，被告・被告は，原告〕に対し，本件不動産が競売されたときの時価を支払うこ

とを約する。

【連帯債務者である夫婦の一方が今後住宅ローンを支払うことを約した場合において，さらに他方を連帯債務者から脱退させるよう金融機関と交渉することを約する場合】

☐ 〔原告は，被告・被告は，原告〕に対し，本件住宅ローン債務について，〔原告・被告〕が連帯債務者から速やかに脱退するように，○○銀行と交渉することを約する。

【一方が代償金及び相手方を債務者とする住宅ローン残債務相当額を支払うのと引換えに相手方不動産（持分）を取得し，相手方が債務者から離脱する場合（通常，金融機関との事前交渉を要する）】

☐ 〔原告は，被告・被告は，原告〕に対し，令和　　年　月　日限り，〔原告・被告〕から①代償金　円及び②〔原告・被告〕が○○銀行に対して平成　　年　月　　日付け金銭消費貸借契約に基づき負担する借入金債務（以下「本件住宅ローン」という。）のうち令和　　年　月　日付けで負担する残債務（　　　　　　　　円）相当額の支払を受けるのと引換えに，本件不動産（の〔原告・被告〕持分）につき，財産分与を原因とする共有持分全部移転登記手続をする。なお，登記手続費用は〔原告・被告〕の負担とする。

☐ 〔原告は，被告・被告は，原告〕に対し，令和　　年　　月　　日限り，〔原告・被告〕から前項の共有持分全部移転登記手続を受けるのと引換えに，①代償金　　　　円及び②本件住宅ローン残債務相当額　　　　　　円を支払う。この支払手数料は，〔原告・被告〕の負担とする。

☐ 〔原告・被告〕が前項の本件住宅ローン残債務相当額の全額を支払ったときは，〔被告・原告〕は，〔原告・被告〕に対し，本件住宅ローンの債権者に対して本件住宅ローン残債務全額を支払うこと及び本件不動産についての○○法務局平成　　年　　月　　日受付第　　　　号抵当権設定登記の抹消登記手続をすることを確約する。なお，登記手続費用は〔被告・原告〕の負担とし，〔原告・被告〕から本件住宅ローン債権者に対する支払手数料は〔原告・被告〕の負担とする。

☐ 原告と被告は，第○項ないし第○項に基づく代償金及び本件住宅ローン相当額の支払，共有持分全部移転登記手続，抵当権設定登記抹消登記手続を行うため，原告と被告との間で合意した日に，原告，被告及び本件住宅ローンの債権者が一堂に会し，所定の手続を行うものとする。

2　学資保険

☐ 〔原告は，被告・被告は，原告〕に対し，下記の学資保険契約の契約者名義を，〔原告から被告・被告から原告〕に変更することに合意し，その変更手続に協力することを約束する。（下記で，保険会社，証券番号，保険種類，契約者で特定する。）

3　協議離婚によって離婚する場合

（離婚条項）

☐ 原告と被告は，協議離婚することを合意し，原告がその届出をする（**注**ⁱˣ）（**注**ˣ）。

（給付条項）

□　〔原告は，被告・被告は，原告〕に対し，前項の離婚届出が受理されることを条件として（**注ˣⁱ**），慰謝料として金○○万円を離婚届出の受理日から○○日以内に支払う。

（訴訟終了に関する条項）

□　原告は本件訴えを取り下げ，被告はこれに同意する（**注ˣⁱⁱ**）。

注ⁱ　婚氏続称，復籍等との関係

　　訴訟上の和解による離婚については，戸籍の届出をする者が定められていないときには，原告がこれを届け出るのが原則とされているところ（戸籍法77条1項，63条1項），被告が民法767条2項により婚氏続称を希望する場合には，和解条項に「被告の申出により」と記載して，被告が離婚の届出をし，同時に戸籍法77条の2により婚氏続称の届出をできるようにするのが相当である。また，被告が離婚により復氏を希望するが，復籍を希望せずに，新戸籍の編製を求める場合に，戸籍の届出をする者を被告と定めないときには，和解条項に「被告は，離婚により本籍を○○○○として新戸籍を編製する」と記載する必要がある。

注ⁱⁱ　和解条項における監護者の指定

　　和解条項において，子をいずれが監護するのかを明確にする観点で「同人において監護養育する。」という文言を付する例もあるが，法律上は必須の要素ではない。

注ⁱⁱⁱ　和解における附帯処分等の取扱い

　　訴訟上の和解による離婚においては，親権者の指定を同時に合意する必要がある。これは，離婚の際に単独の親権者を定めるべきとする民法819条1項，2項の規定に加えて，人事訴訟法36条の規定が，判決によらずに婚姻が終了した後に引き続き審理をする対象として，附帯処分のみを想定し，親権者の指定については想定していないことに表われている。

　　他方で，附帯処分である財産分与に関する処分や養育費の支払等については，訴訟上の和解による離婚と同時に合意する必要はなく，離婚のみの和解をすることが許容されている。この場合には，一部和解となる。したがって，和解調書上は，一部の和解であることを明示し，附帯処分については和解の対象とはならず，引き続き審理の対象として残っている旨を明らかにする必要がある（第14の4参照）。

注ⁱᵛ　和解条項における養育費の終期

　　判決で養育費の支払を命ずる場合には，その始期は「判決確定の日」あるいは「判決確定の日の翌日」であり，終期は「子が満20歳に達するまで」とするのが一般である。しかし，調停の場合には，当事者の合意により，始期と終期を明確にして単純な月払とするため，○月から「満20歳に達する日の属する月まで」とすることが少なくなく，この和解条項もそれにならったものである。なお，婚姻費用分担の終期と養育費支払の始期との関係について，小川理佳＝吉川紀代子「養育費等の履行確保のための新しい強制執行制度について－東京地方裁判所民事執行センターにおける運用状況」家裁月報57巻9号8頁以下参照。

注ᵛ　その他の養育費の終期の定め方に関する例

　　近時の和解においては，当事者双方の学歴等に照らし，子が大学に進学することを想定した和解条項で和解することも少なくない。例えば，以下のような条項案が考えられる。

　　「被告は，原告に対し，長男の養育費として，月額●万円を，次のとおり，毎月末日限り，●●に振り込む方法により支払う。振込手数料は原告／被告の負担とする。

　　(1)　令和●年●月から長男が満20歳に達する日の属する月（令和●年●月）まで

　　(2)　長男が令和●年●月1日時点で大学等の高等教育機関に在籍している場合には，同月から長男が満22歳に達した後，最初に到来する3月（令和●年●月）又は長男の同機関の最終在籍月のいずれか早い月まで」

　　上記の条項案は，原則として満20歳に達する日までを終期としつつ，その翌月1日時点で

大学等の高等教育機関に在籍している場合，通常，浪人などせずに4年制大学に入学した場合の卒業予定月（満22歳に達した後，最初に到来する3月。なお，3月生まれの子については，満22歳に達する日の属する月となる。）か，それよりも早く大学を中退などした場合には最終在籍月までを終期に変更する内容となっている。これは，単純に「大学を卒業するまで」と定めてしまうと，浪人を多数回繰り返した場合や休学や留年を繰り返した場合にも，終期は卒業月までとなってしまうなどの問題が生じることを踏まえ，条件成就執行文となるように作成されているものである（どの時点で大学等の高等教育機関に在籍していれば条件が成就したといえるかという点についても疑義が生じないように，満20歳に達した日の翌月1日時点としている。）。これはあくまで一例であり，条件成就の対象を大学のみとする場合もあり得ると思われる。

注[vi] 履行確保との関係

履行確保の条文（人事訴訟法38条以下）との関係で，「財産分与として」と明示されておらず，解決金になっている場合には，履行確保の条文の適用がないので留意が必要である。もちろん，事案によっては，慰謝料的な要素と財産分与の要素を複合して解決金として和解する例も少なくはない。

注[vii] 登記手続費用の負担

一般的には登記によって利益を受ける者（分与を受ける者）が負担する例が多いとされている。

注[viii] 清算条項の例

離婚訴訟においては，財産分与や慰謝料，未払婚姻費用等複数の債権が存在し得るので，これらについても訴訟上の和解で一挙解決したことをより明確化するために，「原告及び被告は，本件離婚に関し，原告と被告との間には，本和解条項に定めるほか，慰謝料，財産分与，未払・過払婚姻費用等名目のいかんを問わず，何らの債権債務がないことを相互に確認する。」という条項が用いられることもある。

注[ix] 協議離婚の和解条項の例

この他にも，協議離婚和解の場合には，和解協議の席上で離婚届が作成される例もある。その場合には，「原告と被告は，協議離婚することに合意し，本和解の席上において，協議離婚届出書を作成し，原告は被告にその届出を託した。」という条項になると考えられる。

なお，協議離婚和解は和解離婚が認められていなかった旧法下において便宜的に行われていたものであり，現行法下ではこれを認める実益に乏しいとの観点から，家事第6部では当事者双方が特にこれを希望しない場合にのみ，年に数件程度行われているに過ぎない。

注[x] 未成年者がいる場合の協議離婚の和解条項の例

協議離婚においても親権者の指定が必要となるので「原告と被告は，当事者間の　男／女（令和●年●月●日生）の親権者を母である原告と定めて協議離婚することに合意し，原告は，速やかにその届出をする。」という表現例が考えられる。

注[xi] 離婚に伴う附帯処分や離婚に伴う慰謝料について協議離婚和解で定める場合

離婚に伴う附帯処分や離婚に伴う慰謝料については，離婚が成立することで発生する債権であるため，その趣旨を明確にするため，「第●項の離婚届の受理を条件として」という文言を加えるのが一般的である。文例は慰謝料についてのものであるが，養育費や財産分与についても同様である。

注[xii] 訴えの取下げ等

協議離婚をする旨の和解においては，訴えの取下げか，訴訟終了の合意によって訴訟を終了させる取扱いがされている。訴訟終了合意の場合には「原告と被告とは，本件訴訟手続を終了させることを合意する。」という文言となる。

令和　年（家　　）第　　　号

家 計 収 支 表 （家計を同じくする世帯単位で記入する）

令和　　　　年　　　　月分

	科　目　※	金　額　（円）	内容説明・必要書類　※
収　入	給与（税込み）		□給与明細
	事業収入		
	年金		
	その他の公的給付（　　　　　　　）		
	合　　　　　　　　計		
支　出	住宅費（家賃・地代）		
	駐車場代		
	食費		
	被服（衣料）費		
	水道光熱費		
	交通費（ガソリン代を含む）		
	通信費		
	教育費		
	医療費		
	交際費		
	養育費その他の送金		（送金先・送金目的　　　　　　　　　　　　　）
	借金の返済		（返済先　　　　　　　　　　　　　　　　　　）
	家族のローン返済（住宅ローンを含む）		（内容　　　　　　　　　　　　　　　　　　　）
	その他		（内容　　　　　　　　　　　　　　　　　　　）
			（内容　　　　　　　　　　　　　　　　　　　）
			（内容　　　　　　　　　　　　　　　　　　　）
	合　　　　　　　　計		

※　科目欄の（　　　　）内には収入・給付を受けている者の氏名を記載する。

※　提出書類の□にレを入れる。

※　原告が「その他の公的給付」を受けている場合には受給証明を提出する。

事項索引

人事訴訟の審理の実情〔第2版〕

2018年 3 月30日　第 1 版第 1 刷発行
2023年 5 月31日　第 2 版第 1 刷発行

編著者　小 河 原　　寧
発行者　谷 口　美 和
発行所　㈱判例タイムズ社

〒102-0083　東京都千代田区麹町三丁目 2 番 1 号
電話　03（5210）3040
http://www.hanta.co.jp/

印刷・製本　シナノ印刷株式会社
© Yasushi Ogawara 2023 Printed in Japan.
定価は表紙に表示してあります。
ISBN 978-4-89186-204-6